青海交通职业技术学院

Rencai Peiyang Zhiliang Jiankong Baozhang Tixi

人才培养质量监控保障体系

校企合作体制机制建设项目组 编

人民交通出版社

内 容 提 要

本书为青海交通职业技术学院国家骨干校建设成果之一。

全书分为六个部分和一个附件。本书全面描述了青海交通职业技术学院构建人才培养质量监控保障体系的思路和工作方法,旨在规范人才培养质量标准和工作流程,使人才培养质量监控保障工作规范化、制度化和常态化。

本书可供职业技术院校管理人员学习参考。

图书在版编目(CIP)数据

青海交通职业技术学院人才培养质量监控保障体系 / 校企合作体制机制建设项目组编. —北京 : 人民交通出版社, 2014.3

ISBN 978-7-114-11170-9

Ⅰ.①青… Ⅱ.①校… Ⅲ.①青海交通职业技术学院—人才培养—教育质量—研究 Ⅳ.①U-40

中国版本图书馆 CIP 数据核字(2014)第 022348 号

书　　名:青海交通职业技术学院人才培养质量监控保障体系
著 作 者:校企合作体制机制建设项目组
责任编辑:卢仲贤
出版发行:人民交通出版社
地　　址:(100011)北京市朝阳区安定门外外馆斜街 3 号
网　　址:http://www.ccpress.com.cn
销售电话:(010)59757973
总 经 销:人民交通出版社发行部
经　　销:各地新华书店
印　　刷:北京交通印务实业公司
开　　本:787×1092　1/16
印　　张:11
字　　数:267 千
版　　次:2014 年 3 月　第 1 版
印　　次:2014 年 3 月　第 1 次印刷
书　　号:ISBN 978-7-114-11170-9
定　　价:60.00 元

前　言

根据国家骨干高职院校建设项目要求，为落实校企合作体制机制建设任务，全面贯彻党和国家职业教育改革方针，青海交通技术学院以科学发展观为指导，本着“以人为本、资源保障、有效监控、科学评价、持续改进”的原则，依据以人才培养质量为核心，以全员育人为基础，以过程控制为手段，以评价与反馈为途径，以持续改进为目的全面质量管理方法，构建了学院、系部、企业、学生“四位一体”的人才培养质量监控保障体系。

构建人才培养质量监控保障体系旨在规范质量标准和工作流程，明确各部门质量目标和职责权限、资源保障、过程管理项目的质量控制点，提出质量要求，使人才培养质量监控保障工作规范化、制度化、常态化。评价主体及相关部门对人才培养工作中的质量控制点进行实时、定点、定期监控，使人才培养过程中的关键因素和关键环节始终处于受控状态。

通过运行人才培养质量监控保障体系，深化了“校企合作、工学结合、德能并重”多样化的人才培养模式改革，保障人才培养质量稳步提升，为行业企业及区域经济发展提供更好的人才支撑和智力支持。

在人才培养质量监控保障体系构建过程中，得到了青海交通职业技术学院领导的高度关注和指导，得到了青海交通运输职业教育集团成员单位、学院各部门、部分学生代表的大力支持，在此表示衷心感谢！

由于时间仓促，编写人员水平有限，人才培养质量监控保障体系中难免有很多不足之处，望学院教职员工、行业企业人员及学生提出宝贵意见和建议。

校企合作体制机制建设项目组

2014 年 1 月

目　录

第一部分　概述 ……………………………………………………………………… (1)
一、人才培养质量监控保障体系制订的基本思路 …………………………………… (1)
二、人才培养质量监控保障体系制订的基本原则 …………………………………… (2)
三、人才培养质量监控保障体系的主要架构 ………………………………………… (3)
四、人才培养质量监控保障体系原则 ………………………………………………… (12)
五、人才培养质量监控保障体系相关概念 …………………………………………… (12)
第二部分　学院人才培养质量监控保障体系 ………………………………………… (15)
一、学院人才培养质量监控保障体系概要 …………………………………………… (15)
二、学院人才培养质量监控保障体系框架 …………………………………………… (26)
三、学院人才培养质量监控保障体系流程 …………………………………………… (42)
第三部分　系部人才培养质量监控保障体系 ………………………………………… (53)
一、系部人才培养质量监控保障体系概要 …………………………………………… (53)
二、系部人才培养质量监控保障体系框架 …………………………………………… (63)
三、系部人才培养质量监控保障体系流程 …………………………………………… (70)
第四部分　企业人才培养质量监控保障体系框架及流程 …………………………… (79)
一、企业人才培养质量监控保障体系概要 …………………………………………… (79)
二、企业人才培养质量监控保障体系框架及流程 …………………………………… (84)
第五部分　学生人才培养质量监控保障体系框架及流程 …………………………… (86)
一、学生人才培养质量监控保障体系概要 …………………………………………… (86)
二、学生人才培养质量监控保障体系框架及流程 …………………………………… (94)
第六部分　人才培养质量监控保障体系监控及评价用表 …………………………… (96)
一、学院和系部定期监控和评价用表 ………………………………………………… (96)
二、定点监控与评价用表 ……………………………………………………………… (96)
三、实时监控及评价用表 ……………………………………………………………… (126)
附件　青海交通职业技术学院人才培养质量监控保障体系实施方案(试行) ………… (138)

第一部分　概　　述

一、人才培养质量监控保障体系制订的基本思路

紧紧围绕提高人才培养质量为核心，贯彻国家和教育行政部门有关提高人才培养质量的文件精神，实现学院国家骨干高职院校建设总体目标，借鉴有关质量管理理论思想和方法，以青海交通运输职业教育集团为平台，深化校企合作，树立为行业、企业和学生服务、全面管理、预防为主、数据说话的理念，对人才培养全过程进行全面控制，各部门都参与人才培养质量管理工作，共同对人才培养质量负责，把人才培养质量控制工作落实到每一名员工，让每一名员工都关心人才培养质量；对人才培养质量进行事前控制，使每一个关键环节都处于受控状态；对关键环节、关键因素和主要控制点进行有效监控和反馈，依据体系运行的数据资料对存在的问题进行分析、判断，在有效监控及部门评审的基础上，制订预防、纠偏措施并及时反馈，实现持续改进。

通过对影响人才培养质量的关键因素进行分析，找出人才培养过程中的关键环节和质量控制点，明确质量标准，分析质量目标与管理职责、资源管理、过程管理环节的管理职责，按照“计划（P）—实施（D）—检查（C）—处理（A）”的方法，实施学院、系部、企业、学生四位一体的科学规划、有序实施、有效监控、持续改进的人才培养质量监控保障体系，实现人才培养质量监控保障体系有序运行、持续改进，保障人才培养质量稳步提高，为行业和区域经济发展培养“下得去、留得住、干得好”的高端技能型人才。

人才培养质量监控保障体系制订的总体思路如图 1 所示。人才培养质量监控保障体系总体框架如图 2 所示。

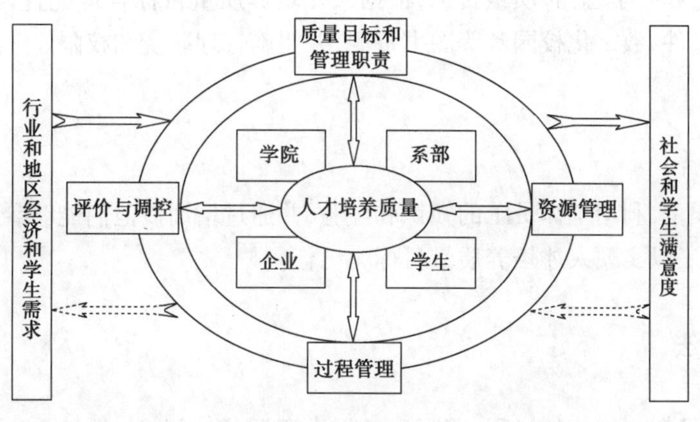

图1　人才培养质量监控保障体系总体思路图

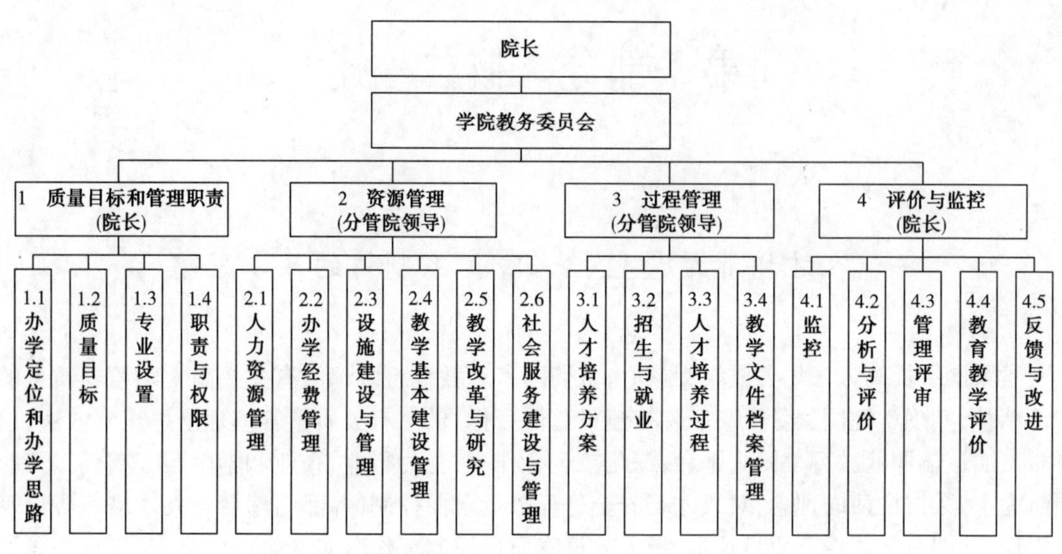

图2　学院人才培养质量监控保障总框图

二、人才培养质量监控保障体系制订的基本原则

1　以行业、企业和学生需求为中心

调查了解行业、企业和学生现有的和潜在的需求和期望，以行业、企业和学生的满意度为准则。

2　重视领导作用

明确办学定位和办学思路、质量目标，根据人才培养质量目标合理配置人员、经费、设施、课堂和实践教学条件、数字化校园和等图书资源，并明确管理职责和权限。

3　全员参与

明确权限和职责，利用全体员工的知识和经验，并通过培训使他们能够参与决策和对过程的改进，让全体员工以实现人才培养质量目标为己任。

4　注重过程方法

建立、控制和保持文件化的过程，着眼于过程中资源的使用，追求人员、设备、方法和材料的有效使用。

5　系统管理

建立并保持实用有效的文件化质量体系，识别体系中的过程，理解各过程间的相互关系，将过程与人才培养质量目标相联系。针对关键环节、主要控制点进行有效监控和反馈。

6　持续改进

通过部门评审、管理评审以及纠正/预防措施，持续地改进人才培养质量监控保障体系的有效性。

7　以事实为决策依据

以审核报告、纠正措施、不合格控制、企业和学生投诉以及其他来源的实际数据和信息作为质量管理决策和行动的依据。

三、人才培养质量监控保障体系的主要架构

1　人才培养质量监控保障体系构成

根据学院、系部、企业、学生四位一体的人才质量监控保障体系科学规划、有序实施、有效监控、持续改进的总体目标，按照为行业企业和学生服务、全面管理、预防为主、数据说话的理念，结合学院的实际情况，构建具有可操作性的人才培养质量监控保障体系，明确学院、系部、企业、学生四个层面的人才培养质量监控保障的标准概要、体系框架、流程，对影响人才培养质量的质量目标与管理职责、资源管理、过程管理、评价与调控四个方面进行全面监控。为方便理解和使用，编制了学院、系部、企业、学生四个层面的图表。其中，学院、系部、企业、学生共用人才培养质量监控保障质量标准一览表见表1。

人才培养质量监控保障质量标准一览表　　表1

<table>
<tr><th>主要方面</th><th>一级指标
（关键因素）</th><th>二级指标
（关键环节）</th><th>质　量　标　准</th></tr>
<tr><td rowspan="3">1　质量目标和管理职责</td><td>1.1　办学定位和办学思路</td><td>1.1.1　办学定位和办学思路</td><td rowspan="3">1. 中华人民共和国教师法（中华人民共和国主席令第15号，1993年）
2. 中华人民共和国教育法（中华人民共和国主席令第45号，1995年）
3. 中华人民共和国职业教育法（中华人民共和国主席令第69号，1996年）
4. 中华人民共和国高等教育法（中华人民共和国主席令第7号公布，1997年）
5. 中华人民共和国国家通用语言文字法（中华人民共和国主席令第37号公布，2000年）
6. 学校体育工作条例（中华人民共和国国家教育委员会令第8号，1990年）
7. 学校卫生工作条例（中华人民共和国国家教育委员会令第10号，1990年）
8. 教学成果奖励条例（国务院令第151号，1994年）</td></tr>
<tr><td rowspan="2">1.2　质量目标</td><td>1.2.1　指导思想</td></tr>
<tr><td>1.2.2　人才培养质量目标</td></tr>
</table>

续上表

主要方面	一级指标（关键因素）	二级指标（关键环节）	质 量 标 准
1 质量目标和管理职责	1.2 质量目标	1.2.2 人才培养质量目标	9. 国务院关于贯彻实施《中华人民共和国教师法》若干问题的通知（国发〔1993〕81号） 10. 教师资格条例（国务院令第188号〔1995〕） 11. 国务院《国家中长期人才发展规划纲要（2010～2020年）》 12. 国务院《国家中长期教育改革和发展规划纲要（2010～2020年）》 13. 中共中央国务院《关于进一步加强和改进大学生思想政治教育的意见》（中发〔2004〕16号） 14. 教育督导条例（中华人民共和国国务院令第624号，2012年） 15. 国务院《关于大力发展职业教育的决定》（国发〔2005〕3号） 16. 国务院办公厅关于加强普通高等学校毕业生就业工作的通知（国办发〔2009〕3号） 17. 普通高等学校学生管理规定（中华人民共和国教育部令第21号，2005年） 18. 普通高等学校学生管理规定（中华人民共和国教育部令第21号，2005年） 19. 高等学校档案管理办法（中华人民共和国教育部令第27号，2008年） 20. 高等学校章程制定暂行办法（中华人民共和国教育部令第31号，2011年） 21. 中共中央宣传部教育部关于进一步加强和改进高等学校思想政治理论课的意见（教社政〔2005〕5号） 22. 教育部关于颁发《高等职业学校设置标准（暂行）》的通知（教发〔2000〕41号） 23. 教育部关于印发《普通高等学校办学条件指标（实行）》的通知（教发〔2004〕2号） 24. 教育部关于加快高等职业教育改革促进高等职业院校毕业生就业的通知（教高〔2009〕3号） 25. 教育部《关于加强高职高专教育人才培养工作的意见》（教高〔2000〕2号） 26. 教育部《关于以就业为导向，深化高等职业教育改革的若干意见》（教高〔2004〕1号） 27. 教育部《关于印发普通高等学校高职高专教育专业设置管理办法（试行）》的通知（教高〔2004〕4号） 28. 教育部、财政部《关于实施国家示范性高等职业院校建设计划，加快高等职业教育改革与发展的意见》（教高〔2006〕14号） 29. 教育部《关于全面提高高等职业教育教学质量的若干意见》（教高〔2006〕16号） 30. 教育部《高等职业院校人才培养工作评估方案》（教高〔2008〕5号） 31. 教育部《关于国家精品开放课程建设的实施意见》（教高〔2011〕8号） 32. 教育部关于全面提高高等教育质量的若干意见（教高〔2012〕4号） 33. 教育部《关于大力推进高等学校创新创业教育和大学生自主创业工作的意见》（教办〔2010〕3号） 34. 教育部、财政部《关于进一步推进“国家示范性高等职业院校建设计划”实施工作的通知》（教高函〔2010〕8号） 35. 教育部《关于切实加强和改进高等学校学风建设的实施意见》（教技〔2011〕1号） 36. 教育部、中国科教文卫体工会全国委员会《关于印发高等学校教师职业道德规范》的通知（教人〔2011〕11号）

续上表

主要方面	一级指标（关键因素）	二级指标（关键环节）	质 量 标 准
1　质量目标和管理职责	1.2　质量目标	1.2.2　人才培养质量目标	37. 教育部等七部委《关于进一步加强高校实践育人工作的若干意见》（教思政〔2012〕1号） 38. 教育部办公厅关于印发《普通高等学校学生心理健康教育工作基本建设标准（试行）》的通知（教思政厅〔2011〕1号） 39. 教育部、国家体育总局《关于实施国家学生体质健康标准的通知》（教体艺〔2007〕8号） 40. 教育部《关于做好2012年全国普通高等学校毕业生就业工作的通知》（教学〔2011〕12号） 41. 教育部等七部门《关于进一步加强职业教育工作的若干意见》（教职成〔2004〕12号） 42. 教育部《关于对职业院校试行工学结合、半工半读的意见》（教职成〔2006〕4号） 43. 教育部《关于支持高等职业学校提升专业服务产业发展能力的通知》（教职成〔2011〕11号） 44. 教育部《关于推进高等职业教育改革创新引领职业教育科学发展的若干意见》（教职成〔2011〕12号） 45. 教育部《关于推进中等和高等职业教育协调发展的指导意见》（教职成〔2011〕9号） 46. 教育部《关于公布2012年普通高等教育高职高专专业设置备案结果的通知》（教职成函〔2012〕3号） 47. 教育部《关于贯彻落实推进中等和高等职业教育协调发展工作的通知》（教职成司函〔2011〕201号） 48. 教育部、财政部《关于实施职业院校教师素质提高计划的意见》（职成〔2011〕14号） 49. 青海省人民政府办公厅转发省财政厅等部门关于进一步加大财政教育投入意见的通知（青政办〔2011〕236号） 50. 青海省人民政府办公厅关于组建青海交通运输职业教育集团建设指导委员会的通知（青政办〔2011〕193号） 51. 青海省教育体制改革领导小组办公室《关于印发青海省教育体制改革试点指导意见》的通知（青教改办〔2011〕13号） 52. 关于发挥行业作用推进我省高等职业教育科学发展的意见（青教高〔2011〕86号）
	1.3　专业设置	1.3.1　专业设置	1. 教育部《关于印发普通高等学校高职高专教育专业设置管理办法（试行）》的通知（教高〔2014〕4号） 2. 教育部《关于公布2012年普通高等教育高职高专专业设置备案结果的通知》（教职成函〔2012〕3号） 3. 青海交通职业技术学院专业建设管理办法 4. 青海交通职业技术学院专业结构调整实施办法
	1.4　职责与权限	1.4.1　职责与权限	1. 教育部《关于全面提高高等职业教育教学质量的若干意见》（教高〔2006〕16号） 2. 教育部《全面提高高等教育质量的若干意见》（2012年） 3. 青海交通职业技术学院管理制度汇编（1~7分册）（2005年） 4. 青海交通职业技术学院管理制度汇编增订、修订（2009年）

续上表

主要方面	一级指标（关键因素）	二级指标（关键环节）	质量标准
2 资源管理	2.1 人力资源管理	2.1.1 师资队伍建设管理	1. 中华人民共和国教师法(1994 年)
			2. 教育督导条例(中华人民共和国国务院令第 624 号,2012 年)
			3. 高等学校教师职业道德规范,2012 年)
			4. 教育部、财政部《关于实施职业院校教师素质提高计划的意见》(职成〔2011〕14 号)
			5. 教育部、中国科教文卫体工会全国委员会《关于印发高等学校教师职业道德规范》的通知(教人〔2011〕11 号)
			6. 青海省教育厅关于印发《青海省高等学校省级骨干教师选拔与培养办法》的通知(青教高〔2012〕44 号)
			7. 青海省教育厅《关于实施高等职业院校教师素质提高计划的意见》(青教高〔2011〕117 号)
			8. 青海交通职业技术学教师教学规范
			9. 青海交通职业技术学兼职教师管理办法
			10. 青海交通职业技术学院教师试讲制度
			11. 青海交通职业技术学院专业带头人聘用管理办法
			12. 青海交通职业技术学院骨干教师聘用管理办法
			13. 青海交通职业技术学院师资队伍建设“十二五”规划
			14. 青海交通职业技术学院双师素质认定办法
			15. 青海交通职业技术学院师德标兵评选办法
			16. 青海交通职业技术学教学事故责任认定及处理暂行办法
			17. 青海交通职业技术学院校企共育人才管理办法
			18. 青海交通职业技术学院关于进一步加强双师师资队伍建设的暂行办法
	2.2 教学经费管理	2.2.1 经费投入和使用	1. 青海交通职业技术学院财务管理办法
			2. 青海交通职业技术学院二级预算管理办法
			3. 青海交通职业技术学院财务审计实施细则
			4. 青海交通职业技术学院货币资金管理办法
	2.3 设施建设与管理	2.3.1 设施建设与管理	1. 教育部关于颁发《高等职业学校设置标准(暂行)》的通知(教发〔2000〕41 号)
			2. 教育部关于印发《普通高等学校办学条件指标(实行)》的通知(教发〔2004〕2 号)
			3. 青海交通职业技术学院固定资产管理办法
			4. 青海交通职业技术学院耗材管理办法
			5. 青海交通职业技术学院教室管理办法
			6. 青海交通职业技术学院宿舍管理办法
			7. 青海交通职业技术学院设备采购管理办法
			8. 青海交通职业技术学院校园网管理办法
			9. 青海交通职业技术学院教学仪器设备管理办法
			10. 青海交通职业技术学院校外实训基地建设管理办法
			11. 青海交通职业技术学院校企共建实训基地管理办法
	2.4 教学基本建设与管理	2.4.1 专业建设与管理	1. 教育部《关于加强高职高专教育人才培养工作的意见》(教高〔2000〕2 号)
			2. 教育部《关于全面提高高等职业教育教学质量的若干意见》(教高〔2006〕16 号)
			3. 青海交通职业技术学院人才培养方案编制与审核流程
			4. 青海交通职业技术学院专业建设管理办法

续上表

主要方面	一级指标（关键因素）	二级指标（关键环节）	质量标准
2 资源管理	2.4 教学基本建设与管理	2.4.2 课程建设与管理	1. 教育部《关于加强高职高专教育人才培养工作的意见》（教高〔2000〕2 号） 2. 教育部《关于全面提高高等职业教育教学质量的若干意见》（教高〔2006〕16 号） 3. 教育部《关于国家精品开放课程建设的实施意见》（教高〔2011〕8 号） 4. 青海交通职业技术学院校企合作开发课程管理办法 5. 青海交通职业技术学院优质核心课程开发与管理办法 6. 青海交通职业技术学院专业教学资源管理办法
		2.4.3 教材建设与管理	1. 青海交通职业技术学院教材编制审核流程 2. 青海交通职业技术学院校企合作教材编制管理办法 3. 青海交通职业技术学院教材选定管理办法 4. 青海交通职业技术学院图书、教材采购管理办法（试行）
		2.4.4 实践教学建设与管理	1. 青海交通职业技术学院实训基地建设管理办法 2. 青海交通职业技术学院教学仪器管理办法 3. 青海交通职业技术学院实践育人管理办法
		2.4.5 校企合作建设与管理	1. 青海交通职业技术学院校企合作项目管理办法 2. 青海交通职业技术学院产学研合作管理办法 3. 青海交通职业技术学院校企合作办学效益分配办法 4. 青海交通职业技术学院校企共同开展应用研究与技术开发管理办法
	2.5 教学改革与研究	2.5.1 教学改革与研究	1. 青海交通职业技术学院科研项目管理办法 2. 青海交通职业技术学院科研项目经费管理办法 3. 青海交通职业技术学院成果评选办法 4. 青海交通职业技术学院成果奖励办法
	2.6 社会服务建设与管理	2.6.1 技术服务与推广	1. 青海交通职业技术学院科技成果推广管理办法 2. 青海交通职业技术学院技术服务管理办法 3 青海交通职业技术学院生产性实训基地建设管理办法 4. 青海交通职业技术学院技术服务收益管理办法
		2.6.2 交流与合作	1. 青海交通职业技术学院联合办学管理办法 2. 青海交通职业技术学院订单培养管理办法
3 过程管理	3.1 人才培养方案	3.1.1 人才培养方案制订、审核	1. 青海交通职业技术学院人才培养方案编制与审核流程 2. 青海交通职业技术学院校企合作、工学结合人才培养模式实施管理办法
	3.2 招生与就业	3.2.1 招生计划	1. 教育部《关于进一步深化普通高等学校招生考试制度改革的意见》（教学〔1999〕3 号） 2. 教育部《关于公布 2012 年普通高等教育高职高专专业设置备案结果的通知》（教职成函〔2012〕3 号） 3. 青海交通职业技术学院单独招生考试管理办法
		3.2.2 就业指导与创业教育	1. 国务院办公厅关于加强普通高等学校毕业生就业工作的通知（国发办〔2009〕3 号） 2. 教育部《关于大力推进高等学校创新创业教育和大学生自主创业工作的意见》（教办〔2010〕3 号） 3. 教育部办公厅《关于印发普通本科学校创业教育教学基本要求（试行）的通知》（教高厅〔2012〕4 号）

续上表

主要方面	一级指标（关键因素）	二级指标（关键环节）	质量标准
3 过程管理	3.2 招生与就业	3.2.2 就业指导与创业教育	4. 教育部《全面提高高等教育质量的若干意见》(2012 年) 5. 教育部《关于大力推进高等学校创新创业教育和大学生自主创业工作的意见》(教办〔2010〕3 号) 6. 青海交通职业技术学院就业指导实施办法 7. 青海交通职业及学院创业教育实施意见
	3.3 人才培养过程	3.3.1 教学管理	1. 教育部《关于切实加强和改进高等学校学风建设的实施意见》(教技〔2011〕1 号) 2. 教育部等七部委《关于进一步加强高校实践育人工作的若干意见》(教思政〔2012〕1 号) 3. 教育部《全面提高高等教育质量的若干意见》(2012 年) 4. 青海交通职业技术学院听课制度 5. 青海交通职业技术学教学事故责任认定及处理暂行办法 6. 青海交通职业技术学院顶岗实习管理办法 7. 青海交通职业技术学院顶岗实习质量考评办法 8. 青海交通职业技术学院学生成绩预警实施办法 9. 青海交通职业技术学院调课管理规定 10. 青海交通职业技术学院实践教学管理办法 11. 青海交通职业技术学院课程考核管理办法 12. 青海交通职业技术学院考试违规违纪处分规定
		3.3.2 思想政治和学生工作	1. 中共中央《关于加强和改进思想政治工作的若干意见》(中发〔1999〕17 号) 2. 中共中央国务院《关于进一步加强和改进大学生思想政治教育的意见》(中发〔2004〕16 号) 3. 中共中央宣传部、教育部关于印发《中共中央宣传部、教育部〈关于进一步加强和改进高等学校思想政治理论课的意见〉实施方案》的通知(教社政〔2005〕9 号) 4. 教育部、中央宣传部、财政部、文化部、总参谋部、总政治部、共青团中央等七部委《关于进一步加强高校实践育人工作的若干意见》(教思政〔2012〕1 号) 5. 教育部《关于切实加强和改进高等学校学风建设的实施意见》(教技〔2011〕1 号) 6. 普通高等学校学生管理规定(中华人民共和国教育部令第 21 号,2005 年) 7. 青海交通职业技术学院国家奖学金评审办法 8. 青海交通职业技术学院国家励志奖学金评审办法 9. 青海交通职业技术学院国家助学金评定办法 10. 青海交通职业技术学院家庭经济困难学生认定办法 11. 青海交通职业技术学院学生心理危机干预实施办法 12. 青海交通职业技术学院三好学生评定办法 13. 青海交通职业技术学院学生德育考核办法 14. 青海交通职业技术学院校企合作奖、助学金管理办法 15. 青海交通职业技术学院学风建设实施办法 16. 青海交通职业技术学院《关于印发维护校园稳定、预防突发性恐怖袭击事件的防范和处置预案》的通知 17. 青海交通职业技术学院党支部工作条例 18. 青海交通职业技术学院学生违纪认定及处理办法

续上表

主要方面	一级指标（关键因素）	二级指标（关键环节）	质量标准
3 过程管理	3.3 人才培养过程	3.3.3 素质拓展与校园文化建设	1. 教育部、中央宣传部、财政部、文化部、总参谋部、总政治部、共青团中央等七部委《关于进一步加强高校实践育人工作的若干意见》（教思政〔2012〕1号） 2. 青海交通职业技术学院全员育人实施方案 3. 青海交通职业技术学院校园文化建设规划 4. 青海交通职业技术学院校园文建设实施方案 5. 青海交通职业技术学院实践育人实施方案 6. 青海交通职业技术学院文化建设管理办法
		3.3.4 学籍管理	1. 普通高等学校学生管理规定（中华人民共和国教育部令第21号，2005年） 2. 青海交通职业技术学院学籍管理规定 3. 青海交通职业技术学院学生升、留级管理规定
		3.3.5 体育与健康	1. 教育部、国家体育总局《关于实施国家学生体质健康标准的通知》（教体艺〔2007〕8号 2. 教育部办公厅《关于印发普通高等学校学生心理健康教育工作基本建设标准（试行）的通知》（教思政厅〔2011〕1号） 3. 青海交通职业技术学院学生心理危机干预实施办法
	3.4 教学文件档案管理	3.4.1 教学文件档案管理	1. 高等学校档案管理办法（中华人民共和国教育部令第27号，2008年） 2. 青海交通职业技术学院教学档案管理办法
4 评价与监控	4.1 监控	4.1.1 质量目标和管理职责监控	1. 青海交通职业技术学院人才培养质量保障监控体系实施方案 2. 青海交通职业技术学院职工外出学习考察管理办法
		4.1.2 资源管理监控	青海交通职业技术学院人才培养质量保障监控体系实施方案
		4.1.3 过程管理监控	1. 青海交通职业技术学院人才培养质量保障监控体系实施方案 2. 青海交通职业技术学院教育教学考核办法
		4.1.4 不合格控制与毕业资格审查	1. 青海交通职业技术学院人才培养质量保障监控体系实施方案 2. 青海交通职业技术学院学生升、留级管理办法 3. 青海交通职业技术学院学生违纪认定及处理办法
	4.2 分析与评价	4.2.1 生源质量分析	1. 青海交通职业技术学院人才培养质量保障监控体系实施方案 2. 教育部《普通高等学校学生管理规定》（中华人民共和国教育部令第21号，2005年） 3. 青海交通职业技术学院生源分析实施办法
		4.2.2 学业成绩分析	1. 青海交通职业技术学院人才培养质量保障监控体系实施方案 2. 青海交通职业技术学院课程考核管理办法 3. 青海交通职业技术学院学生技能竞赛奖励办法 4. 青海交通职业教育集团校企技能比武实施方案
		4.2.3 就业率与就业质量	1. 青海交通职业技术学院人才培养质量保障监控体系实施方案 2. 教育部《全面提高高等教育质量的若干意见》（2012年） 3. 青海交通职业技术学院教育教学考核办法
		4.2.4 毕业生创业与成效	1. 青海交通职业技术学院就业指导实施办法 2. 青海交通职业及学院创业教育实施意见

续上表

主要方面	一级指标（关键因素）	二级指标（关键环节）	质量标准
4 评价与监控	4.2 分析与评价	4.2.5 毕业生社会满意度	1. 教育部《全面提高高等教育质量的若干意见》(2012年) 2. 青海交通职业技术学院毕业生跟踪调查实施办法
	4.3 管理评审	4.3.1 学院领导评审管理体系	1. 青海交通职业技术学院人才培养质量保障监控体系 2. 青海交通职业技术学院人才培养质量保障监控体系实施方案
	4.4 教育教学评价	4.4.1 专业评估、专项评估	1. 青海交通职业技术学院人才培养质量保障监控体系实施方案 2. 教育部《高等职业院校人才培养工作评估方案》(教高〔2008〕5号) 3. 青海交通职业技术学院教育教学考核办法
	4.5 反馈与改进	4.5.1 制订预防纠正措施	1. 青海交通职业技术学院人才培养质量保障监控体系实施方案 2. 青海交通职业技术学院管理制度汇编(1~7分册)(2005年) 3. 青海交通职业技术学院管理制度汇编增订、修订(2009年)
		4.5.2 持续改进	1. 青海交通职业技术学院人才培养质量保障监控体系实施方案 2. 青海交通职业技术学院管理制度汇编(1~7分册)(2005年) 3. 青海交通职业技术学院管理制度汇编增订、修订(2009年)

1.1 学院层面的监控保障图表

学院人才培养质量监控保障体系项目执行和监控一览表
学院人才培养质量监控保障指标体系
学院人才培养质量监控保障体系定点监控及评价用表
学院人才培养质量监控保障体系总体框架图
学院人才培养质量监控保障体系质量目标和管理职责图
学院人才培养质量监控保障体系资源管理分框图
学院人才培养质量监控保障体系过程管理分框图
学院人才培养质量监控保障体系评价与监控分框图
学院人才培养质量监控保障体系总体流程图
学院人才培养质量监控保障体系资源管理分流程图
学院人才培养质量监控保障体系过程管理分流程图

1.2 系部层面的监控保障图表

系部人才培养质量监控保障指标体系
系部人才培养质量监控保障体系定点监控及评价用表
系部人才培养质量监控保障体系总体框架图
系部人才培养质量监控保障体系质量目标和管理职责图
系部人才培养质量监控保障体系资源管理分框图
系部人才培养质量监控保障体系过程管理分框图
系部人才培养质量监控保障体系评价与监控分框图
系部人才培养质量监控保障体系总体流程图

系部人才培养质量监控保障体系资源管理分流程图
系部人才培养质量监控保障体系过程管理分流程图

1.3 企业层面的监控保障图表

企业人才培养质量监控保障指标体系
企业人才培养质量监控保障体系定点监控及评价用表
企业人才培养质量监控保障体系总体框架及流程图

1.4 学生层面的监控保障图表

企业人才培养质量监控保障指标体系
企业人才培养质量监控保障体系定点监控及评价用表
学生人才培养质量监控保障体系总体框架及流程图

2 人才培养质量监控保障体系控制

针对学院、系部、企业、学生四方面不同监控保障主体重点关注的关键因素、关键环节,分别制订质量监控保障流程,明确、落实不同监控主体的主要控制点和执行、监控职责。对人才培养全过程的关键因素和关键环节进行实时、定点和定期监控,使人才培养质量监控保障工作规范化、制度化、常态化,持续改进各个质量环节的工作流程和质量标准,推进学院校企合作、工学结合、德能并重的多样化人才培养模式改革,保障人才培养质量稳步提高。

通过对影响人才培养所需的管理职责和有效沟通、人力资源管理、基础设施管理、工作环境管理和人才培养有关的过程,根据学院的实际情况,按照坚持“提高质量为核心、有效监控为保障、科学评价为手段、适时反馈为途径、持续改进为目标”的工作原则,明确学院、系部、企业、学生四个层面在人才培养质量监控保障体系中的关键因素、关键环节和质量控制点。其中:

学院层面共 19 个关键因素、38 个关键环节、70 个质量监控点;
系部层面共 19 个关键因素、38 个关键环节、60 个质量监控点;
企业层面共 16 个关键因素、26 个关键环节、28 个质量监控点;
学生层面共 17 个关键因素、35 个关键环节、50 个质量监控点。

3 人才培养质量监控保障体系引用的质量标准

为保障人才培养质量监控保障体系运行有据可依、有序运行,对人才培养质量监控保障体系运行中引用的相关文件和管理制度,按关键因素和关键环节编制了人才培养质量监控保障体系质量标准名称一览表,详见表 1。

人才培养质量监控保障体系中引用的相关文件和管理制度另行独立成册。

4 人才培养质量监控保障体系实施要点

为有效实施才培养质量监控保障,结合学院的实际情况,构建具有可操作性的学院、系部、企业、学生四个层面共用的由监控评价用表、监控记录用表、监控调查用表、反馈用表组成,分别进行人才培养质量进行调查、实时记录、实施监控和评价、反馈，为有效实施人才培养质量监控保障提供基础支撑。

四、人才培养质量监控保障体系原则

1 质量目标与管理职责相结合

通过体系建设与运行，进一步明确学院办学定位与办学思路，明确各部门的职责与权限，完善工作流程与质量标准，落实工作职责，有效监控人才培养全过程的关键因素与关键环节，提高人才培养全过程各个环节的质量，保障人才培养质量稳步提高。

2 管理评审与部门评审相结合

各部门要明确人才培养质量的管理职责，对人才培养的关键因素和关键环节、质量控制点实施有效监控，定期与不定期进行部门评审，在有效监控及部门评审的基础上，制订预防、纠偏措施并及时反馈，实现持续改进。学院在部门评审的基础上进行管理评审，对体系运行的有效性及完整性进行评审，对人才培养质量保障体系不断提出改进建议，保障人才培养质量监控保障体系的适宜性、充分性和有效性。

3 动态监控与静态监控相结合

监控保障主体、执行部门、监控部门和全体员工对质量监控点进行实时、定时监控，既要注重质量控制点的控制结果，又要有效地对人才培养过程的主要环节实施动态监控，动静结合，全面监控。

4 定点监控与定期监控相结合

监控保障主体、执行部门、监控部门采取多种形式的监控手段，对各个环节的质量控制点进行全程定点监控，定期对人才培养质量监控保障体系及各部门的运行情况进行管理评审。通过管理评审，实现持续改进。

五、人才培养质量监控保障体系相关概念

1 人才培养质量

人才培养质量是人才培养规格的整体结构，是一个不断发展形成的系统，是学院长期办学

和教学管理的总体成果，是一个不断发展提高的动态过程。

2 人才培养质量管理

人才培养质量管理，从纵向来说，包括办学定位和办学思路、人才培养目标以及为实现这些定位、目标的质量体系；从横向来说，包括人才培养方案、培养模式、质量监控和质量改进。

3 人才培养质量目标

人才培养质量目标既是人才培养目标及在知识、能力、素质等方面应达到的质量水准，又是人才培养质量管理标准，即为保障和提高人才培养质量，使人才培养达到预期目标，使影响人才培养质量的诸因素在人才培养全过程中始终处于受控状态的管理措施和质量要求。

4 质量管理体系

形成文件化的质量管理体系、质量标准概要、控制文件和记录。

5 管理职责

管理承诺要求，以人才培养质量为中心，建立质量方针和质量目标，策划实现过程，确定职责权限并保障有效沟通，开展管理评审活动，保障质量管理体系的持续性。

6 资源管理

提供人才培养质量管理所需的资源、人力资源管理、基础设施管理、工作环境管理。

7 专项评估

指按照教育行政主管部门或上级单位要求开展的各专项工作的评估工作，评估方案按教育行政主管部门或上级单位要求执行，并将评估结果纳入人才培养质量监控保障体系中。目前专项评估主要包括人才培养工作水平评估、质量工程（如专业建设、教学团队建设、实训基地建设、课程建设、教学资源库建设等）、毕业生就业工作评估、大学生思想政治教育工作评估、语言文字标准化规范评估、安全评估、精神文明建设评估、学生资助工作评估等。

8 分析和改进

监控行业、企业和学生的满意度、质量管理体系、质量管理体系过程、不合格控制，分析、改进一持续改进、采取纠正措施和预防措施。

9 标准概要

标准概要是建立人才培养质量监控保障体系的基础，为建立人才培养质量监控保障体系提出基本要求，是建立质量保障体系的基本依据。

10 质量要求

指对人才培养质量需要的表述或将需要转化为一组针对实体特性的定量或定性的规定要求，以使其实现并进行考核。

11 PDCA 循环

PDCA 循环作为全面质量管理体系运转的基本方法，需要搜集大量数据资料，并综合运用各种管理技术和方法。PDCA 是英语单词 Plan（计划）、Do（执行）、Check（检查）和 Action（行动）的第一个字母，PDCA 循环就是按照这样的顺序进行质量管理，并且循环不止地进行下去的科学程序。

P（Plan）：计划目标，确定方针和目标，确定活动计划，按 5W1H（为什么制订该措施（Why）？达到什么目标（What）？在何处执行（Where）？由谁负责完成（Who）？什么时间完成（When）？如何完成（How）？

D（DO）：执行，执行就是具体运作，实现计划中的内容。

——明确职责（部门/岗位的质量、安保职责）；

——资源保证（能力、意识，特种作业人员上岗资格，消防、安全监控设施等）；

——编写文件；

——信息交流和沟通（对内、对外）；

——执行：符合性痕迹管理。

C（Check）：检查，总结执行计划的结果，注意效果，找出问题。

——日常工作（质量）检查、安全检查；

——目标、指标完成情况的定期验证；

——安全管理绩效的检查；

——法律法规符合性评价；

——对不合格项的整改。

A（Action）：行动（或处理）。行动改进，对总结检查的结果进行处理，成功的经验加以肯定并适当推广、标准化；失败的教训加以总结，以免重现，未解决的问题放到下一个 PDCA 循环去解决。

——对不合格项的整改。

第二部分　学院人才培养质量监控保障体系

一、学院人才培养质量监控保障体系概要

本概要将影响人才培养质量的关键因素和关键环节分为质量目标和管理职责、资源管理、过程管理、评价与调控四个主要方面。从学院层面将以上四个方面分成了19个关键因素、38个关键环节、70个质量监控点，其主要内容和质量要求如下：

1　质量目标和管理职责

1.1　办学定位和办学思路

贯彻党和国家教育方针，紧盯行业企业和区域经济发展需求，坚持以服务为宗旨，以就业为导向，以质量求生存，以特色求发展，走产学研结合的发展之路。

主要内容：办学定位和办学思路。

质量要求：立足交通，面向社会，培养适应交通建设和经济社会发展需要的生产、建设、服务、管理一线高端技能型人才。把学院建成同类院校中西北领先、国内一流，引领和带动作用充分发挥的高等职业院校。

1.2　质量目标

1.2.1　指导思想

主要内容：质量方针。

质量要求：

（1）以提高质量为核心，注重内涵发展，不断深化高等职业教育改革，全面提高人才培养质量，培养德智体美全面发展的中国特色社会主义事业建设者和接班人。

（2）办学中坚持"以学生为本"，校企合作、工学结合、德能并重，实现学生"知识、能力、素质"协调发展。

1.2.2　人才培养目标

主要内容：质量目标。

质量要求：

（1）把行业企业、学生需求和社会满意度作为衡量人才培养质量的标准。

（2）围绕行业企业、区域经济发展的需求，把学生培养成综合素质高、业务能力强、发展潜力足、受社会欢迎的高端技能型人才，为行业和区域经济发展提供人才支撑和智力支持。

1.3　专业设置

主要内容：专业布局。

质量要求：

(1)专业设置要适应社会对人才的需求，按照“市场有需求、办学有条件、质量有保障、就业有出路”的原则，科学合理规划设置专业，形成以重点专业为龙头，带动其他专业协调发展的专业布局。

(2)紧盯行业企业和区域经济发展，及时跟踪市场需求的变化，主动适应区域、行业经济和社会发展的需要；稳定长线专业，发展强势专业，打造品牌专业，淘汰弱势专业，开发新兴专业，形成结构合理，特色鲜明的专业布局。

1.4 职责与权限

主要内容：职责、权限及工作流程。

质量要求：

(1)明确各部门职责与权限，细化岗位职责，规范工作流程。

(2)建立、完善部门规章制度，建立沟通机制，加强部门之间沟通与交流。

2 资源管理

2.1 人力资源管理

主要内容：师资队伍规划、教师资格认定与评聘、师资队伍建设、教师业绩考核。

质量要求：

(1)制订专兼职师资队伍建设规划，建立激励机制，制订相关措施，落实师资队伍建设规划，努力造就一支师德高尚、业务精湛、结构合理、充满活力的高素质专业化教师队伍。

(2)完善师资认定及评聘管理办法，按时开展教师职称评聘及定岗工作。师生比控制在1∶18～1∶22，其中专任教师师生比控制在1∶21～1∶32，专业教师中双师素质比例达到90%。

(3)加强师资培养和培训，制订教师轮训计划，实现教师到企业顶岗锻炼，两学年内累计不少于两个月；聘请行业企业的专业人才和能工巧匠担任兼职教师，承担专业课学时比例达到50%，使双师结构教学团队满足工学结合、德能并重教学需要，保障人才培养质量。

(4)加强辅导员队伍建设，按1∶200配备辅导员。

(5)加强师德师风建设，完善教师工作业绩考核办法，对教师教学工作业绩考核。

2.2 教学经费管理

主要内容：教学经费、学生奖助经费、招生就业经费。

质量要求：

(1)不断完善二级预算和日常教学经费管理，保障教学经费的投入和使用；保障师资队伍建设、教学改革研究、教学业务、图书等项目经费投入，满足人才培养需求。

(2)做好教学经费生均投入同比变化情况分析；管理制度健全、使用程序合理、公开透明，无违规违法使用经费。

(3)做好国家投入奖、助、补、贷、免经费使用与发放工作；做好院级奖、助、补、贷、勤、免经费预算、评定与发放工作，资金使用应公平、公正、公开、透明。

(4)做好二级预算中招生就业经费使用与管理，按年度进行二级预算招生就业经费使用分析,经费使用合理、公开透明。

2.3 设施建设与管理

主要内容:设施建设与利用。

质量要求:

(1)制订设施建设、维修管理办法与流程,保障设施建设及利用。

(2)教室、教学科研仪器设备、图书馆、宿舍、教学用计算机、多媒体教室和实验实训室、实训中心、体育设施、数字化校园等硬件和软件条件满足教学需求,符合教育部基本办学条件合格标准和监测办学条件指标要求。

2.4 教学基本建设与管理

2.4.1 专业建设与管理

主要内容:专业规划与建设。

质量要求:

(1)制订专业建设规划,有序开展建设。

(2)专业定位准确,专业特色鲜明,校企共同打造品牌专业。

(3)制订专业建设管理办法,规范专业建设。

(4)教学团队结构合理,满足教学需求。

(5)探索建立"校中厂"、"厂中校"实习实训基地;实训基地建设能满足60%以上学生半年顶岗实习、实训需要,基地就业学生不少于实习学生的40%。

(6)建立质量工程项目管理制度,开展质量工程建设。

2.4.2 课程建设与管理

主要内容:课程体系与课程定位、课程标准、教学方法和手段、教学资源。

质量要求:

(1)制订课程建设管理办法,规范课程建设。

(2)课程定位准确,课程体系构建符合企业岗位需求,体现课、岗、证融通,满足项目载体、任务驱动、学生主体教学。

(3)建立突出职业能力培养的课程标准,规范课程教学的基本要求;创新教学形态,教学方法融"教、学、做"为一体。

(4)完善优质核心课程、精品课程建设管理办法,有效利用网络平台,实现优质教学资源共享,教师利用率100%,学生利用率90%以上。

2.4.3 教材建设与管理

主要内容:教材建设规划、开发与使用。

质量要求:

(1)制订教材建设规划和教材建设管理办法;与行业企业共同开发紧密结合生产实际工学结合特色教材。

(2)完善教材供应办法,课程选用近5年内出版的教材,其中近3年出版(或自编)教材的比例≥80%。

(3)重点建设专业工学结合特色建材的使用率要达30%,教材供应及时。

2.4.4　实践教学建设与管理

主要内容:实践教学体系、条件及利用、社会实践。

质量要求:

(1)实践教学内容与体系的设置符合人才培养的要求,实践教学学时占总学时 50% 以上,体现学生实践能力和创新精神的培养,形成基本实践能力与操作技能、专业技术应用能力与专业技能、综合实践能力与综合技能有机结合的实践教学体系。

(2)加强实习、实训室内涵建设;80% 的实训室建设与行业标准、生产现场一致,建设集教学、培训、技能鉴定、生产和科技服务为一体的共享型校内实训中心;校内生产性实训平均比例达 60%,开出率达到 90% 以上,设备使用率达 98%,设备完好率 98% 以上,最大限度地发挥设施设备的效能。

(3)完善实习管理办法,制订社会调查、社会实践管理办法,加强学生的生产实习和社会实践管理,学生企业顶岗实习时间半年以上。

2.4.5　校企合作建设与管理

主要内容:合作项目、运行效果与捐赠。

质量要求:

(1)制订校企合作项目建设规划及项目建设管理办法,并对校企合作项目实行严格规划和管理,校企合作项目符合人才培养和生产育人的要求。

(2)按照“人才共育、过程共管、成果共享、责任共担”的原则,建立校企合作机制,保障校企合作有效运行。

(3)制订捐赠管理办法,对企业的捐赠(包括资金、图书、设备、软件等)实行严格管理,使用合理,公开透明。

2.5　教学改革与研究

主要内容:教学改革与研究。

质量要求:

(1)结合学院实际在行业企业参与下深化教学改革,完善教学研究项目管理办法,围绕教学内容、课程体系、教学方法、教学手段等方面开展教育教学研究。

(2)完善科研项目管理办理办法,做到项目立项评审规范,进行中期检查和验收,按进度保质保量完成各项目研究内容。

(3)每学期开展的学术活动不少于 1 次;各系部有国家、省、院级专业、实训基地、教学团队、课程等建设项目,总数占全院在建项目的 30% 以上;各系部每年获得 2 项厅级以上的奖励;教师获得 4 项厅级以上的奖励;学生获得 4 项厅级以上的奖励。

2.6　社会服务建设与管理

2.6.1　技术服务与推广

主要内容:技术服务项目管理、收益管理。

质量要求:

(1)制订学院开展技术服务管理办法,围绕行业和区域经济发展需要,利用专业优势与资源优势,开展技能培训与鉴定、技术服务等各种社会服务活动,不断提升行业影响力。

(2)制订收益管理办法,对技术服务与推广收益合理分配。

2.6.2　交流与合作

主要内容:交流与合作。

质量要求:制订交流与合作管理办法;系部每学年开展1次以上的交流与合作活动,合作项目3个以上。

3　过程管理

3.1　人才培养方案

主要内容:制订人才培养方案,审核人才培养方案。

质量要求:

(1)依据教育部职业教育改革精神,制订人才培养方案制定的指导意见。

(2)人才培养方案体现“校企合作、工学结合”,理论教学、实践教学、综合素质育人体系有机融合,体现学生职业道德、职业技能、就业创业能力的培养。

(3)制订人才培养方案编制与审核流程,组织人才培养方案审核、确定。

3.2　招生与就业

3.2.1　招生计划

主要内容:招生计划。

质量要求:

(1)以社会、企业对人才的需求及学院资源作为制订招生计划依据,做到规模、结构、质量、效益协调发展。

(2)多形式、多手段、多层面开展招生宣传工作。

(3)制订招生录取流程,规范招生录取工作。

3.2.2　就业指导与创业教育

主要内容:就业与创业。

质量要求:

(1)制订创业与就业教育计划,开展创业与就业教育,激发学生的创业热情,引导学生树立科学的创业观、就业观、成才观,鼓励毕业生灵活就业,积极创业。

(2)将就业与创业教育纳入课程体系,规范教学内容。

(3)走访合作企业、就业地基不少于60%,为毕业生提供就业岗位数/毕业生总数≥2。

3.3　人才培养过程

3.3.1　教学运行管理

主要内容:实时检查、定点检查、定期检查。

质量要求:

(1)完善教学运行管理制度,保障教学有序运行。

(2)通过开学初、期中及不定期随机抽查等形式对日常教学情况进行检查。

(3)通过日常听课、设立学生信息员、召开学生座谈会等方式加强教学管理和教学检查。

(4)每学期人均调课不超过3次,每学期分别召开2次以上教学、学生工作会议,学院复查教师工作业绩考核准确率80%以上。

(5)完善成绩管理办法。

(6)完善师德师风建设计划,开展师德师风建设。

(7)加强教育教学管理,落实院系二级管理办法,按照教学运行过程的质量监控点实时进行点对点的监控。

(8)定期开展管理评审和教育教学评价,达到自我完善、自我激励和自我提高的目的。

3.3.2 思想政治和学生工作

主要内容:思想政治教育、国防教育、安全教育、学生管理、学生奖、助工奖、保险。

质量要求:

(1)坚持育人为本,德育为先,工学结合,德能并重。制订爱国主义、感恩、诚信等教育计划、社会实践计划、国防教育实施方案,组织开展思想政治、国防、安全教育,新生国防教育不少于两周。

(2)制订学生安全应急预案并每学年进行演练,对学生进行安全、法制教育每年不少于2次。

(3)制订学生党员培养流程,规范入党积极分子培养和发展党员。

(4)学生日常管理中将职业道德教育、思想政治教育渗透到教学工作各个环节,完善学生管理制度,完善学风、考风建设计划,学生出勤率达95%以上(含请假);学生对辅导员工作测评满意率90%以上;每学年专题研究学生招生工作不少于6次。

(5)加强学生管理,落实院系二级管理办法,按照学生工作的质量监控点实时进行点对点的监控。

(6)制订奖、助、补、贷、勤、免评定、发放办法、流程;国家级、学院级奖、助、补、贷、勤、免经费使用公开、公正、公平;学生奖学金受奖面达学生人数25%(学院级),充分调动学生学习积极性。

(7)按照国家相关规定,校方责任险、实习责任保险、医疗保险的学生覆盖面达100%。

3.3.3 素质拓展与校园文化建设

主要内容:全员育人、素质拓展、校园文化。

质量要求:

(1)将学风建设与德育工作相结合,制订、实施全员育人实施方案,形成良好的校风、学风。

(2)制订实践育人实施方案,开展社团、科技、文体、社会调查、社会实践等各类活动,提高学生综合素质。

(3)制订校园文化建设计划,将优秀的企业文化与校园文化有机融合。

(4)每年开展一次校企技能比武和联谊活动,将企业文化有机融入校园文化建设中,逐步形成职业氛围浓郁、积极向上的校园文化,彰显办学特色。

3.3.4 学籍管理

主要内容:日常管理、异动管理。

质量要求:

(1)完善学籍管理办法,严格入学注册、学年注册、学历注册和降留级制度。

(2)完善休学、复学、退学、转学、转专业、降留级流程,并对其进行动态管理。

(3)完善毕业资格审查管理办法,对毕业资格进行动态管理。

3.3.5　体育与健康

主要内容:体育与健康教学、心理健康。

质量要求:

(1)制订职业活动导向下的体育与健康教育计划,注重学生体育能力培养,构建具有高职特色的体育教学模式。

(2)制订体育锻炼活动管理办法,开展多样化的体育锻炼活动,培养学生自我锻炼的习惯。

(3)严格实施学生体质健康标准,积极开展学生体质健康训练活动,学生体质健康测试合格率98%以上,提高学生身体健康水平。

(4)开展心理健康教育与心理咨询,制订心理健康教育与心理咨询计划,每学年不少于2次。

3.4　教学文件档案管理

主要内容:教学文件档案管理。

质量要求:

(1)完善教学文件归档管理办法,做好全院教学文件归档工作。

(2)做好各系部教学文件、教学成果、试卷、毕业设计、毕业论文等资料归档工作,做到档案齐全、管理规范、流程清楚、归档及时,管理手段先进,便于查找。

4　评价与调控

4.1　监控

人才培养质量监控的主要环节有质量目标和管理职责监控、资源管理监控、过程管理监控、不合格控制与毕业资格审查。监控采用实时监控、定点监控和定期监控等多种方式。

4.1.1　质量目标和管理职责监控

主要内容:质量目标和管理运行是否满足人才培养需要。

质量要求:

(1)对各部门质量目标和管理职责进行监控评价。

(2)对学院对质量目标和管理职责进行监控评价。

4.1.2　资源管理监控

主要内容:资源是否满足人才培养需要。

质量要求:

(1)对各部门资源管理进行监控与评价。

(2)学院资源管理进行监控与评价。

4.1.3　过程管理监控

主要内容:人才培养过程和教学质量评价。

质量要求:

(1)对各部门人才培养过程管理评审和教学质量进行监控和评价。

(2)对学院人才培养过程和教学质量进行监控和评价。

4.1.4　不合格控制与毕业资格审查

主要内容:补考、降留级、学生违纪处理,毕业生资格审查。

质量要求:

(1)建立成绩预警机制,完善补考和降留级制度,进行补考和降留级管理。

(2)完善学生违纪认定及处理办法,对违纪学生进行批评、教育、处理。

(3)完善毕业生资格审查制度,明确流程,严格进行毕业生资格审核。

4.2　分析与评价

4.2.1　生源质量分析

主要内容:生源结构、入学成绩、家庭经济状况进行综合分析。

质量要求:

(1)对生源结构(如性别、年龄、民族、生源地等)进行分析。

(2)对生源家庭经济状况(包括贫困生认定)进行分析。

(3)对生源入学成绩、获奖情况等进行分析。

4.2.2　学业成绩分析

主要内容:学业成绩分析,竞赛奖励。

质量要求:

(1)完善课程考核管理办法,进行课程考核统计分析,学生各门课程考核合格率不低于95%。

(2)进行考证统计分析,应届毕业生专业技能获证率达98%,毕业生双证获取率达98%。

(3)进行学生竞赛奖励统计分析,每学年至少组织一次以上专业技能竞赛活动。

4.2.3　就业率与就业质量

主要内容:就业质量分析、毕业生成长案例。

质量要求:

(1)制订毕业生就业率与就业质量分析指标,对毕业生进行定期调查分析,应届毕业生调查90%以上,撰写毕业生就业分析报告。

(2)毕业生初次就业率97%,签约率达99%,就业对口率85%以上,起薪线高于全省平均水平10%以上。

(3)每年更新优秀毕业生成长典型案例,不低于毕业学生数1%,分析结果作为改进质量和进行决策的依据之一。

4.2.4　毕业生创业与成效

主要内容:毕业生创业教育与创业成效。

质量要求:

(1)制订创业教育计划,实施创业教育。

(2)积极鼓励毕业生创业,评价创业成效,收集创业案例,积极宣传。

4.2.5　毕业生社会满意度调查分析

主要内容:毕业生跟踪调查、毕业生企业满意度分析。

质量要求：

(1)制订毕业生跟踪调查管理办法。

(2)半年以上毕业生跟踪调查不低于90%，一年以上毕业生跟踪调查不低于70%，两年以上毕业生跟踪调查不低于50%，三年以上毕业生跟踪调查不低于15%。

(3)用人单位对毕业生综合评价的满意率达95%。

4.3 管理评审

主要内容：人才培养质量监控保障体系评审、部门管理评审、系部管理评审。

质量要求：

(1)按计划对学院才培养质量监控保障体系进行管理评审。

(2)按计划对部门管理自评进行管理评审。

(3)按计划对系部管理自评进行管理评审。

(4)依据评审结果撰写管理评审报告，制订预防与改进措施，持续改进。

4.4 教育教学评价

教育教学评价是指依据一定的教学目标与教学规范标准，通过对学院教育教学情况的系统检测与考核，评定其教学效果与教学目标的实现程度，对其作出相应的评价并制订改进措施。

主要内容：专业评估、专项评估等。

质量要求：

专业评估：

(1)制订专业评估计划和评价办法。

(2)对系部专业评估报告进行评审。

(3)撰写学院管理评审报告，及时反馈，持续改进。

专项评估：

(1)依据专项评估要求，制订工作方案。

(2)依据工作方案进行专项建设。

(3)对专项建设进行检查、评估。

(4)依据专项评估工作要求，撰写专项评估报告。

(5)按评估反馈意见，制订措施，实施整改。

4.5 反馈与改进

4.5.1 制订预防纠正措施

主要内容：各职能部门、各系部制订纠正、预防措施。

质量要求：依据管理评审和教育教学评价反馈意见，制订预防、纠偏、改进措施。

4.5.2 持续改进

主要内容：持续改进。

质量要求：按照预防、纠偏、改进措施实施改进。

学院人才培养质量监控保障指标体系见表2。

学院人才培养质量监控保障指标体系　　表2

主要方面	一级指标 （关键因素）	二级指标 （关键环节）	质量控制点	监控评价方式
1　质量目标和管理职责	1.1　办学定位和办学思路	1.1.1　办学定位和办学思路	1.办学定位 2.办学思路	定期监控,教育教学评价
	1.2　质量目标	1.2.1　指导思想	3.质量方针	定期监控,教育教学评价
		1.2.2　人才培养质量目标	4.质量目标	定期监控,教育教学评价
	1.3　专业设置	1.3.1　专业设置	5.专业布局	定期监控,教育教学评价
	1.4　职责与权限	1.4.1　职责与权限	6.职责、权限及工作流程	定期监控,管理评审
2　资源管理	2.1　人力资源管理	2.1.1　师资队伍建设管理	7.师资队伍规划 8.教师资格认定与评聘 9.师资队伍建设 10.教师业绩考核	实时监控,管理评审,教育教学评价
	2.2　教学经费管理	2.2.1　经费投入和使用	11.教学经费 12.学生奖、助经费 13.招生就业经费	实时监控,管理评审
	2.3　设施建设与管理	2.3.1　设施建设与管理	14.设施建设及利用	实时监控,管理评审,教育教学评价
	2.4　教学基本建设与管理	2.4.1　专业建设与管理	15.专业规划与建设	实时监控,管理评审,教育教学评价
		2.4.2　课程建设与管理	16.课程体系与课程定位 17.课程标准、教学方法与手段 18.教学资源	实时监控,管理评审,教育教学评价
		2.4.3　教材建设与管理	19.教材建设规划 20.开发与使用	实时监控,管理评审,教育教学评价
		2.4.4　实践教学建设与管理	21.实践教学体系 22.条件及利用 23.社会实践	实时监控,管理评审,教育教学评价
		2.4.5　校企合作建设与管理	24.合作项目 25.运行效果 26.捐赠	实时监控,管理评审、教育教学评价
	2.5　教学改革与研究	2.5.1　教学改革与研究	27.教学改革与研究	实时监控,教育教学评价
	2.6　社会服务建设与管理	2.6.1　技术服务与推广	28.技术服务项目管理 29.收益管理	实时监控,管理评审,教育教学评价
		2.6.2　交流与合作	30.交流与合作	实时监控,管理评审,教育教学评价

续上表

主要方面	一级指标（关键因素）	二级指标（关键环节）	质量控制点	监控评价方式
3 过程管理	3.1 人才培养方案	3.1.1 人才培养方案制订、审核	31. 人才培养方案制定 32. 人才培养方案审核	实时监控，管理评审，教育教学评价
	3.2 招生与就业	3.2.1 招生计划	33. 招生计划	实时监控，管理评审，教育教学评价
		3.2.2 就业指导与创业教育	34. 就业与创业	实时监控，管理评审，教育教学评价
	3.3 人才培养过程	3.3.1 教学管理	35. 实时检查 36. 定点检查 37. 定期检查	实时监控，管理评审，教育教学评价
		3.3.2 思想政治和学生工作	38. 思想政治教育 39. 国防教育 40. 安全教育 41. 学生管理 42. 学生奖、助工作 43. 保险	实时监控，管理评审，教育教学评价
		3.3.3 素质拓展与校园文化建设	44. 全员育人 45. 素质拓展 46. 校园文化	实时监控，管理评审，教育教学评价
		3.3.4 学籍管理	47. 日常管理 48. 异动管理	实时监控，管理评审
		3.3.5 体育与健康	49. 体育与健康 50. 心理健康	实时监控，教育教学评价
	3.4 教学文件档案管理	3.4.1 教学文件档案管理	51. 教学文件档案管理	实时监控，管理评审
4 评价与调控	4.1 监控	4.1.1 质量目标和管理职责监控	52. 质量目标和管理运行是否满足人才培养需要	实时监控，管理评审
		4.1.2 资源管理监控	53. 资源是否满足人才培养需要	实时监控，管理评审
		4.1.3 过程管理监控	54. 人才培养过程和教学质量评价	实时监控，管理评审
		4.1.4 不合格控制与毕业资格审查	55. 补考、降留级、学生违纪处理 56. 毕业生资格审查	实时监控，管理评审

续上表

主要方面	一级指标（关键因素）	二级指标（关键环节）	质量控制点	监控评价方式
4 评价与调控	4.2 分析与评价	4.2.1 生源质量分析	57. 生源结构、入学成绩、家庭经济状况	实时监控，管理评审
		4.2.2 学业成绩分析	58. 学业成绩分析	实时监控，管理评审
		4.2.3 就业率与就业质量	59. 就业质量分析 60. 毕业生成长案例	实时监控，管理评审
		4.2.4 毕业生创业与成效	61. 毕业生创业教育及创业成效	实时监控，管理评审
		4.2.5 毕业生社会满意度	62. 毕业生跟踪调查 63. 毕业生企业满意度分析	实时监控，管理评审
	4.3 管理评审	4.3.1 学院领导评审管理体系	64. 人才培养质量监控保障体系评审 65. 部门管理评审 66. 系部管理评审	定期监控
	4.4 教育教学评价	4.4.1 专业评估、专项评估	67. 专业评估 68. 专项评估	定期监控
	4.5 反馈与改进	4.5.1 制订预防纠正措施	69. 各部门制订纠正、预防措施	实时监控、实时反馈
		4.5.2 持续改进	70. 持续改进	实时监控，持续改进

二、学院人才培养质量监控保障体系框架

人才培养质量监控保障体系框架是使人才培养质量监控保障工作正常运行的基本构架，它明确了保障人才培养质量的领导机构、管理机构、执行人才培养质量标准概要的工作机构及各自的职责，同时明确了人才培养质量的监控系统、主要监控内容以及有关监控单位。

1 领导机构与管理机构及其职责

人才培养质量监控保障体系的领导与管理机构是院长主持的教务委员会，属于领导机构；教务处代表教务委员会组织实施人才培养质量监控保障体系，属于组织实施机构；教育督导与

科研处代表教务委员会监督人才培养质量监控保障体系运行,属于管理监督机构;各部门负责实施人才培养质量监控保障体系,属于工作机构。

教务委员会统一领导人才培养质量监控保障体系的制订和实施,并监督各个工作机构的执行情况,其成员由院领导、主要职能部门负责人、各系(部)负责人及行业企业专家、学生代表组成。

教务委员会的职责

(1)统一领导学院人才培养质量监控保障体系的制订、实施。

(2)监督、指导监控保障主体及监控部门实施人才培养质量监控保障体系运行工作。

(3)制订有关保障和提高人才培养质量以及管理评审的制度和措施。

(4)定期对人才培养质量监控保障体系、职能部门和各系部进行管理评审和教育教学评价。

2 工作机构及其管理职责

人才培养质量的第一责任人是院长,各项工作主管院领导分别对院长负责;院长办公室、党委办公室、人事劳资处、计划财务处、监察处、工会、教务处、学生工作处、教育督导与科研处、后勤管理处、团委、保卫处、实训管理处、招生就业指导中心、图书馆、网络信息中心等职能部门分别对主管院领导负责;各系部在分管领导下开展工作。

2.1 教务处工作职责

教务处处长是组织实施人才培养质量监控保障体系运行的第一责任人,对分管院长负责,其职责是:

(1)制订总体运行规划、实施方案和保障措施;有序开展人才培养质量监控保障体系的运行工作。

(2)监控各个监控保障主体、监控部门、执行部门实施人才培养质量体系的运行。

(3)制订有关保障和提高人才培养质量的指导性文件及措施。

(4)组织建立人才培养质量监控保障体系运行过程的资料档案。

(5)完成教务委员会交办的其他任务。

2.2 教育督导与科研处工作职责

教育督导与科研处处长是人才培养质量监控保障体系运行管理监控的第一责任人,对分管院长负责,其职责是:

(1)主持人才培养质量监控保障体系的制订与修订。

(2)制订有关保障和提高人才培养质量的指导性文件及措施。

(3)监督、指导执行部门实施人才培养质量监控保障体系的运行工作。

(4)在教务委员会的领导下,组织管理评审、教育教学评价。

(5)汇总、统计各监控保障主体、监控部门及执行部门等提交的有关表格、数据、报告、反馈意见及建议,并对其进行科学分析,形成结果与结论,上报教务委员会,妥善处理后反馈给被监控部门。

(6)组织建立学院人才培养质量监控保障体系运行过程的资料档案。

(7)完成教务委员会交办的其他任务。

2.3 部门工作职责

部门负责人是人才培养质量监控保障体系有效运行的第一责任人,对分管院领导负责。其职责是:

(1)在教务处和教育督导与科研处的领导和管理下开展工作,依据部门工作任务和管理职责以及质量控制点,制订相应的质量指标和工作流程,完善标准。

(2)制订部门人才培养质量监控保障体系运行的实施计划、实施方案并组织实施。

(3)组织实施部门评审、教育教学评价,进行自我监控、自我管理、自我激励和自我完善。

(4)根据监控保障主体、监控部门的反馈意见和建议进行改进。

(5)建立部门人才培养质量监控保障体系运行过程的资料档案。

3 监控系统及其主要监控内容

人才培养质量监控系统是人才培养质量监控保障体系的重要组成部分,监控人才培养质量,监控保障项目的执行情况及质量保障体系的运行情况。由学院、系部、企业、学生、监控部门共同实施监控。主要有以下几种监控:实时监控、定点监控、定期监控。

3.1 实时监控

各部门负责人负责对本部门执行人才培养质量监控保障项目的情况进行实时监控,并定期将情况反馈给教育督导与科研处。

3.2 定点监控

对教学的质量控制点进行定点监控。实施定点监控的是教务处、各职能部门、系(部)等。监控单位要将监控情况及时报教育督导与科研处,并反馈给被监控单位。

3.3 定期监控

由教育督导与科研处定期组织管理评审和教育教学评价。管理评审主要是对人才培养质量监控保障体系的评审,也包括对职能部门在人才培养质量监控保障体系中执行情况的管理评审及对系(部)的管理评审。教育教学评估包括专业评估、专项评估等。

为了使人才培养质量监控保障框架更具体和可操作,采用一览表的形式,即"人才培养质量监控保障项目执行和监控一览表"将执行项目名称、责任人、执行人或执行单位、执行内容以及监控项目名称即质量控制点、负责人、质量监控单位、监控内容等列出。

学院人才培养质量监控保障体系项目执行名称、责任人、执行人或单位、执行内容与监控责任人、执行人或单位、监控内容和要点见表3。

学院人才培养质量监控保障体系总框图如图3所示。

学院人才培养质量目标和管理职责分框图如图4所示。

学院人才培养资源管理监控保障分框图如图5所示。

学院人才培养过程管理监控保障分框图如图6所示。

学院人才培养评价与反馈监控保障分框图如图7所示。

表3

学院人才培养质量监控保障项目执行与监控一览表

主要方面	项目执行					项目监控		
	执行项目名称		责任人	执行人或单位	执行内容	责任人	监控人或单位	监控内容和要点
1 质量目标和管理职责	1.1 办学定位和办学思路	1.1.1 办学定位和办学思路	院长	院长办公室、党委办公室、计划财务处	制订办学定位和办学思路；制定相应的政策措施；保障相应的“人、财、物”的投入	教育督导与科研处长	监控保障主体、教育督导与科研处	质量目标和管理职责是否满足人才培养需求
				教务委员会	确定办学定位和办学思路；保障相应的“人、财、物”的投入			
	1.2 质量目标	1.2.1 指导思想	分管院长	各部门	制订指导思想	教育督导与科研处长	监控保障主体、教育督导与科研处	质量目标和管理职责是否满足人才培养需求
				教务委员会	确定指导思想			
		1.2.2 人才培养质量目标	分管院领导	党委办公室、院长办公室、计划财务处、人事处、教务处、招生就业指导中心、学生工作处、后勤管理处、各系部	围绕行业和区域经济需求，制订人才培养质量目标、保障所需经费到位	教育督导与科研处长	监控保障主体、教育督导与科研处	质量目标和管理职责是否满足人才培养需求
	1.3 专业设置	1.3.1 专业设置	分管院领导	教务处	制订专业设置规划；制订专业结构调整方案、办法，新专业设置的审批与申报	教育督导与科研处长	监控保障主体、教育督导与科研处	质量目标和管理职责是否满足人才培养需求
				教务委员会	专业设置审定			
	1.4 职责与权限	1.4.1 职责与权限	院长	各部门	召开各机构的沟通会议，落实校企合作运行机制	教育督导与科研处长	监控保障主体、教育督导与科研处	质量目标和管理职责是否满足人才培养需求
				教务委员会	明确职责、权限			

续上表

主要方面	项目执行					项目监控		
	执行项目名称		责任人	执行人或单位	执行内容	责任人	监控人或单位	监控内容和要点
2 资源管理	2.1 人力资源管理	2.1.1 师资队伍建设管理	分管院领导	人事劳资处	制订专兼结合的师资队伍建设规划;负责教师资格认定及考核工作;负责教师职称评审推荐、定岗及评聘工作	分管院领导	教育督导与科研处、教务处、各系部	双师结构教师团队是否满足校企合作、工学结合、德能并重人才培养模式实施需要;保证人才培养质量
				教务处	制订教师教学能力提升计划;制订教师工作业绩考核办法;制订教师教学奖惩制度		教育督导与科研处、教务处	师资队伍是否保证人才培养质量需求
				各系部	落实师资队伍建设规划,做好教师工作管理和兼职教师聘用			
	2.2 办学经费管理	2.2.1 经费投入和使用	分管院领导	计划财务处、工会、监察处	公布每年二级预算投入与使用、生均经费增长情况;学生奖、助、补、贷、勤、免经费投入与使用;招生就业、教学改革及研究、师资建设、图书购置等经费投入与使用	教育督导与科研处长	监控保障主体、教育督导与科研处	实验实习/社会实践、体育维持费、教学仪器设备维修费、实验耗材费、教学差旅费、教改经费是否满足教学需求
				各部门	提交部门教学经费使用情况表			
				各系部	提交本系部预算及执行情况			
	2.3 设施建设与管理	2.3.1 设施建设与管理	分管院领导	后勤管理处	制订教室、实训室、实训基地、宿舍、图书馆等设施建设规划及维修计划并实施	分管院领导	后勤管理处、计划财务处、教育督导与科研处、教务处、图书馆、网络信息中心、各系部	现有教室、实训室、计算机房、多媒体教室、图书、数字化校园及体育设施是否满足教学需求
				教务处、各系部	制订实训室、实训基地、图书馆等设施建设计划并实施			
				计划财务处	保障教学设施建设与维护资金及时到位			
				教务处、图书馆、网络信息中心	保障实训设施、计算机房、数字化校园、多媒体教室、图书馆等正常运行			
				基础部	制订体育设施建设规划,保障设施正常运行			

续上表

主要方面	项目执行					项目监控		
	执行项目名称		责任人	执行人或单位	执行内容	责任人	监控人或单位	监控内容和要点
2 资源管理	2.4 教学基本建设与管理	2.4.1 专业建设管理	分管院领导	教务处	制订学院专业建设规划并对专业建设进行管理	教育督导与科研处长	教育督导与科研处、教务处、计划财务处、各系部	检查专业建设规划的落实情况;对专业建设效果并评价
				各系部	明确专业定位与特色,实施专业建设			
				计划财务处	保障所需经费			
		2.4.2 课程建设管理	分管院领导	教务处	制订课程建设规划;制定课程及教学资源建设标准、优质核心课程、精品课程评价标准及实施措施和政策	教育督导与科研处长	教务处、各系部、计划财务处	检查课程建设规划的落实情况;对课程、教学资源建设效果并评价
				各系部	具体实施课程和教学资源建设			
				计划财务处	保障所需经费			
		2.4.3 教材建设管理	分管院领导	教务处	制订教材建设规划;建立工学结合教材编写、选用制度;做好教材供应工作	教育督导与科研处长	教务处、各系部、计划财务处	检查教材建设规划的落实情况;对教材选用与建设等效果并评价
				各系部	具体实施教材建设			
				计划财务处	保障所需经费			
		2.4.4 实践教学建设管理	分管院领导	教务处、实训基地管理处	制订实践教学建设规划及相应制度	教育督导与科研处长	教育督导与科研处、教务处、实训基地管理处、各系部、计划财务处	检查校内外实习和实训基地的质量并评价
				各系部	做好实践教学建设计划并具体实施			
				计划财务处	保障所需经费			
		2.4.5 校企合作建设管理	分管院领导	教务处、实训基地管理处	制订校企合作建设规划及相应制度	教育督导与科研处长	教育督导与科研处教务处、实训基地管理处、各系部、计划财务处	检查校企合作质量并评价
				各系部、实训基地管理处	做好校企合作建设计划并具体实施			
				计划财务处	保障所需经费			

续上表

<table>
<tr><th rowspan="2">主要方面</th><th colspan="5">项目执行</th><th colspan="3">项目监控</th></tr>
<tr><th colspan="2">执行项目名称</th><th>责任人</th><th>执行人或单位</th><th>执行内容</th><th>责任人</th><th>监控人或单位</th><th>监控内容和要点</th></tr>
<tr><td rowspan="10">2 资源管理</td><td rowspan="3">2.5 教学改革与研究</td><td rowspan="3">2.5.1 教学改革与研究</td><td rowspan="3">分管院领导</td><td>教育督导与科研处、教务处</td><td>组织开展教学改革与研究、科研项目的立项与评审工作</td><td rowspan="3">教育督导与科研处长</td><td rowspan="3">教育督导与科研处、教务处、各部门、计划财务处</td><td rowspan="3">教学改革与研究项目进行检查和验收,并对使用效果进行评价</td></tr>
<tr><td>各部门</td><td>实施教学改革与研究</td></tr>
<tr><td>计划财务处</td><td>保障所需经费</td></tr>
<tr><td rowspan="7">2.6 社会服务建设与管理</td><td rowspan="3">2.6.1 技术服务与推广</td><td rowspan="3">分管院领导</td><td>实训基地管理处、教务处</td><td>负责校内生产性实训基地和各系部技术服务、国内外合作与交流管理;制订技术服务、国内外合作与交流发展规划</td><td rowspan="3">教育督导与科研处长、实训基地管理处长</td><td rowspan="3">教育督导与科研处、实训基地管理处、教务处、各系部、计划财务处</td><td rowspan="3">社会影响力、技术服务与推广、交流与合作效果进行评价</td></tr>
<tr><td>各生产性实训基地、各系部</td><td>实施社会服务和交流</td></tr>
<tr><td>计划财务处</td><td>保障所需经费</td></tr>
<tr><td rowspan="3">2.6.2 交流与合作</td><td rowspan="3">分管院领导</td><td>实训基地管理处、教务处</td><td>负责国内外合作与交流项目管理,制订国内外合作与交流发展规划</td><td rowspan="3">实训基地管理处、教务处长</td><td rowspan="3">教育督导与科研处、实训基地管理处、教务处、各系部、计划财务处</td><td rowspan="3">社会影响力、技术服务与推广、交流与合作效果进行评价</td></tr>
<tr><td>实训基地管理处、各系部</td><td>合作与交流</td></tr>
<tr><td>计划财务处</td><td>保障所需经费</td></tr>
<tr><td></td><td></td><td></td><td></td><td></td><td></td><td></td><td></td></tr>
<tr><td rowspan="5">3 过程管理</td><td rowspan="2">3.1 人才培养方案</td><td rowspan="2">3.1.1 人才培养方案制订、审核</td><td rowspan="2">分管院领导</td><td>教务处</td><td>提出制订专业人才培养方案的指导意见,组织各专业人才培养方案制订</td><td rowspan="2">教务委员会主任</td><td rowspan="2">教务委员会</td><td rowspan="2">审核专业人才培养方案,定期检查人才培养方案是否适应学院和社会发展需求,提出修改意见</td></tr>
<tr><td>各系部</td><td>制订本系部专业人才培养方案</td></tr>
<tr><td rowspan="3">3.2 招生与就业</td><td rowspan="3">3.2.1 招生计划</td><td rowspan="3">分管院领导</td><td>招生就业指导中心</td><td>制订招生与就业计划,做好招生宣传、咨询、录取工作</td><td rowspan="3">分管院领导</td><td rowspan="3">监察处、学生工作处、医务室、招生就业指导中心</td><td rowspan="3">检查新生是否符合入学条件;毕业跟踪调查</td></tr>
<tr><td>监察处</td><td>监督招生与就业工作</td></tr>
<tr><td>各系部</td><td>制订本系部招生与就业计划,做好招生宣传咨询工作,做好就业与创业指导、推荐工作</td></tr>
</table>

续上表

主要方面	项目执行					项目监控		
	执行项目名称		责任人	执行人或单位	执行内容	责任人	监控人或单位	监控内容和要点
3 过程管理	3.2 招生与就业	3.2.2 就业指导与创业教育	分管院领导	招生就业指导中心、各系部	做好就业与创业指导、推荐工作	教育督导与科研处长、教务处长、各系主任	教育督导与科研处、教务处、各系部	就业指导与创业教育计划和开展情况
	3.3 人才培养过程	3.3.1 教学运行管理	分管院领导	教务处、各系部	制订校企合作、校企教学管理制度，开展校企合作及日常教学活动管理	教育督导与科研处长	教育督导与科研处、教务处、各系部	检查各系部执行情况检查；组织院领导、督导组、企业专家听课
				教务处、各系部	实施校企合作及课堂教学	教育督导与科研处长	教育督导与科研处、教务处、各系部	检查课堂教学质量，组织督导组、企业专家听课
				教务处、各系部	实施校企合作及实践教学	教育督导与科研处长	教育督导与科研处、教务处、各系部	检查顶岗实习、社会实践、实训教学等环节质量
				教务处、各系部	组织实施考试、考核、职业技能考证	教育督导与科研处长	教育督导与科研处、教务处、各系部	对全院考试、考核、考证情况
				教务处、各系部	组织实施毕业设计与答辩	教育督导与科研处长	教育督导与科研处、教务处、各系部	检查毕业设计（论文）、答辩质量
		3.3.2 思想政治和学生工作	分管院领导	党委办公室、学生工作处、教务处、各系部、团委、后勤处、保卫处	制订全员育人措施，组织开展思想政治、国防、安全教育、社会调查与实践等育人活动；开展奖、助、补、贷、勤、免及学生保险工作；制订就业与创业教育方案，推进校园文化建设，营造良好校园文化氛围	学生工作处长、教务处长、教育督导与科研处长	学生工作处、教务处、教育督导与科研处、党委办公室、各系部、团委、保卫处	检查各系部执行情况，并对思想政治和学生工作效果进行评价

续上表

主要方面	项目执行					项目监控		
	执行项目名称		责任人	执行人或单位	执行内容	责任人	监控人或单位	监控内容和要点
3 过程管理	3.3 人才培养过程	3.3.3 素质拓展与校园文化建设	分管院领导	教务处、学生工作处、团委、各系部	组织开展思想政治、国防、安全教育、社会调查与实践等育人活动;开展奖、助、补、贷、勤、免工作;开展就业与创业教育,推进校园文化建设,营造良好校园文化氛围	教务处长、学生工作处长、教育督导与科研处长	教务处、学生工作处、教育督导与科研处、团委、各系部	检查各系部执行情况,并对素质拓展与校园文化建设效果进行评价
		3.3.4 学籍管理	分管院领导	教务处	学生学籍管理	教务处长	教务处	检查学籍管理是否规范
		3.3.5 体育与健康	分管院领导	基础部、学生工作处	制订学生体育锻炼和心理健康教育计划,组织体育教学和课外体育活动及心理健康辅导	教育督导与科研处长、学生工作处长	教育督导与科研处、学生工作处	检查体育教学和心理健康辅导等工作是否合格
	3.4 教学文件档案管理	3.4.1 教学文件档案管理	教务处长	院长办公室、教务处	制订全院教学文件归档要求和规定;做好全院教学文件归档工作	教育督导与科研处长	教务处	检查教学文件档案是否齐全、规范
				各系部	做好各系部教学成果、试卷、毕业设计、毕业论文等教学文件资料的归档工作			
4 评价与调控	4.1 监控	4.1.1 质量目标和管理职责监控	分管院领导	监控保障主体、各部门	对办学定位、办学思路、专业设置和职能部门评审进行检查	教育督导与科研处长	教育督导与科研处、监控保障主体	对学院质量目标和管理运行是否满足人才培养需要进行分析与评价
		4.1.2 资源管理监控	分管院领导	监控保障主体、各部门	对师资队伍、办学经费管理、专业、课程、资源、实训条件、教学改革和研究、校企合作、社会服务等进行检查	教育督导与科研处长	教育督导与科研处、监控保障主体	对学院资源是否满足人才培养需要进行分析和评价
		4.1.3 过程管理监控	分管院领导	监控保障主体、各部门	学院教务委员会成员和学生代表对人才培养过程进行检查	教育督导与科研处长	教育督导与科研处、监控保障主体	汇总各系部人才培养和职能部门管理评审报告;对全院人才培养过程和育人质量进行分析和评价

续上表

主要方面	项目执行					项目监控		
	执行项目名称		责任人	执行人或单位	执行内容	责任人	监控人或单位	监控内容和要点
4 评价与调控	4.1 监控	4.1.4 不合格控制与毕业资格审查	分管院领导	学生工作处、各系部	制订学生违纪处理办法;负责对违纪学生处理	教育督导与科研处长	学生工作处、各系部	对违纪学生处理
				教务处	建立成绩预警机制,对课程补考及学生降留级的审核	教育督导与科研处长	教务处	学生降留级的审核
				教务处	对毕业生资格进行审查	教育督导与科研处长	教务处	毕业生资格审查
	4.2 分析与评价	4.2.1 生源质量分析	分管院领导	招生就业指导中心	制订生源质量分析指标;汇总各系部分析结果	教务处长	招生就业指导中心、各系部	生源质量分析与评价
				各系部	对本系部学生进行会考、高考成绩、中学获奖情况、进校后发展分析与评价			
		4.2.2 学业成绩分析	分管院领导	教务处	制订课程考核方案;汇总各系部分析结果	教务处长	教务处、各系部	学业成绩分析与评价
				各系部	对本系部开课教师课程考核结果进行分析			
		4.2.3 就业率与就业质量	分管院领导	招生就业指导中心	制订毕业生就业率与就业质量分析指标;汇总各系部分析结果	分管院领导	监控保障主体、各系部	就业率与就业质量分析与评价
				各系部	就业工作措施与效果;应届毕业生年底就业率、就业质量分析预评价			
		4.2.4 毕业生创业与成效	分管院领导	招生就业指导中心	制订毕业生创业成效分析指标;汇总各系部分析结果	分管院领导	监控保障主体、各系部	就业率与就业质量分析与评价
				各系部	对本系部毕业班学生创业及成效分析			

续上表

主要方面	项目执行					项目监控		
	执行项目名称		责任人	执行人或单位	执行内容	责任人	监控人或单位	监控内容和要点
4 评价与调控	4.2 分析与评价	4.2.5 毕业生社会满意度	分管院领导	招生就业指导中心	制订毕业生创业成效分析指标；汇总各系部分析结果	分管院领导	监控保障主体、各系部	毕业生社会满意度分析与评价
				各系部	对本系部毕业生进行社会满意度调查分析与评价			
	4.3 管理评审	4.3.1 学院领导评审管理体系	教务委员会主任	教务委员会	对质量监控与保障体系的管理评审 职能部门的管理评审 对系部的管理评审	教务委员会主任	教育督导与科研处	组织对质量监控与保障体系的管理评审；组织职能部门的管理评审；组织对系部的管理评审
	4.4 教育教学评价	4.4.1 专业评估、专项评估	分管院领导	教务委员会	专业评估 专项评估	分管院领导	教务处、教育督导与科研处	专业评估，专项评估
	4.5 反馈与改进	4.5.1 制订预防纠正措施	分管院领导	教务委员会、各部门	根据管理评审和教育教学评价，制订预防纠正措施	分管院领导	教育督导与科研处、各部门	根据各系部、各职能部门定期实施监控和管理评审、教育教学评价信息，制订人才培养质量监控保障体系纠正和改进措施，持续改进
		4.5.2 持续改进	分管院领导	各部门	持续改进	分管院领导	教育督导与科研处、各部门	制订预防、纠正和改进措施，持续改进

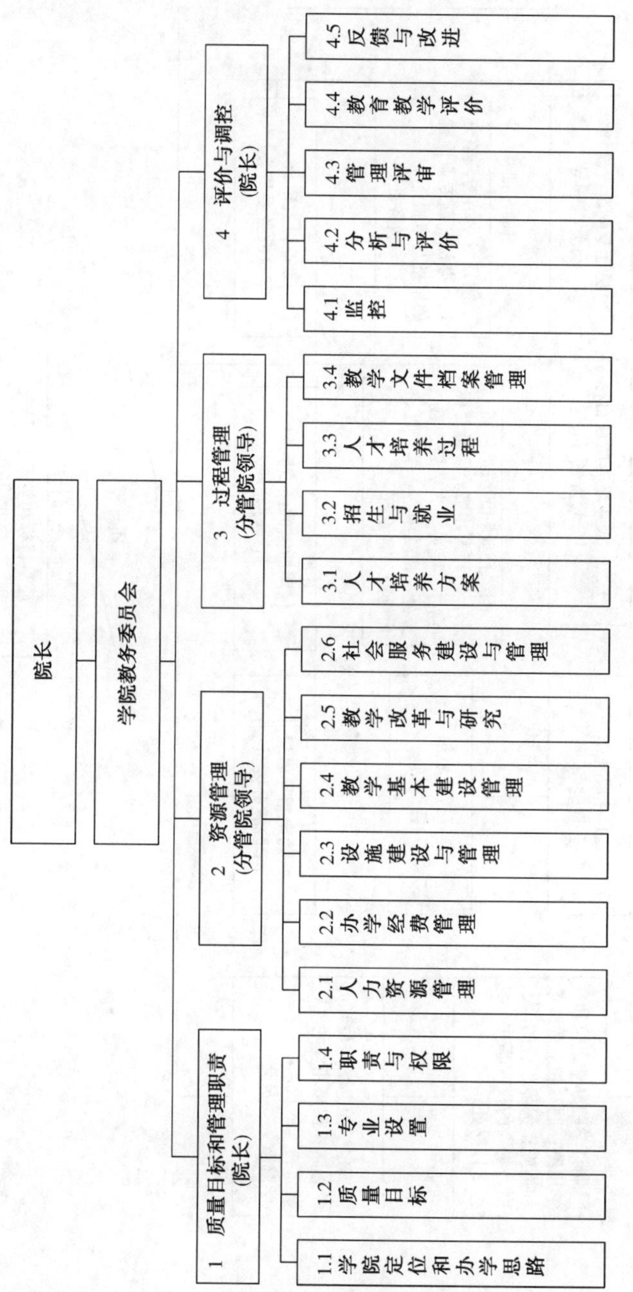

图3 学院人才培养质量临控保障总框图

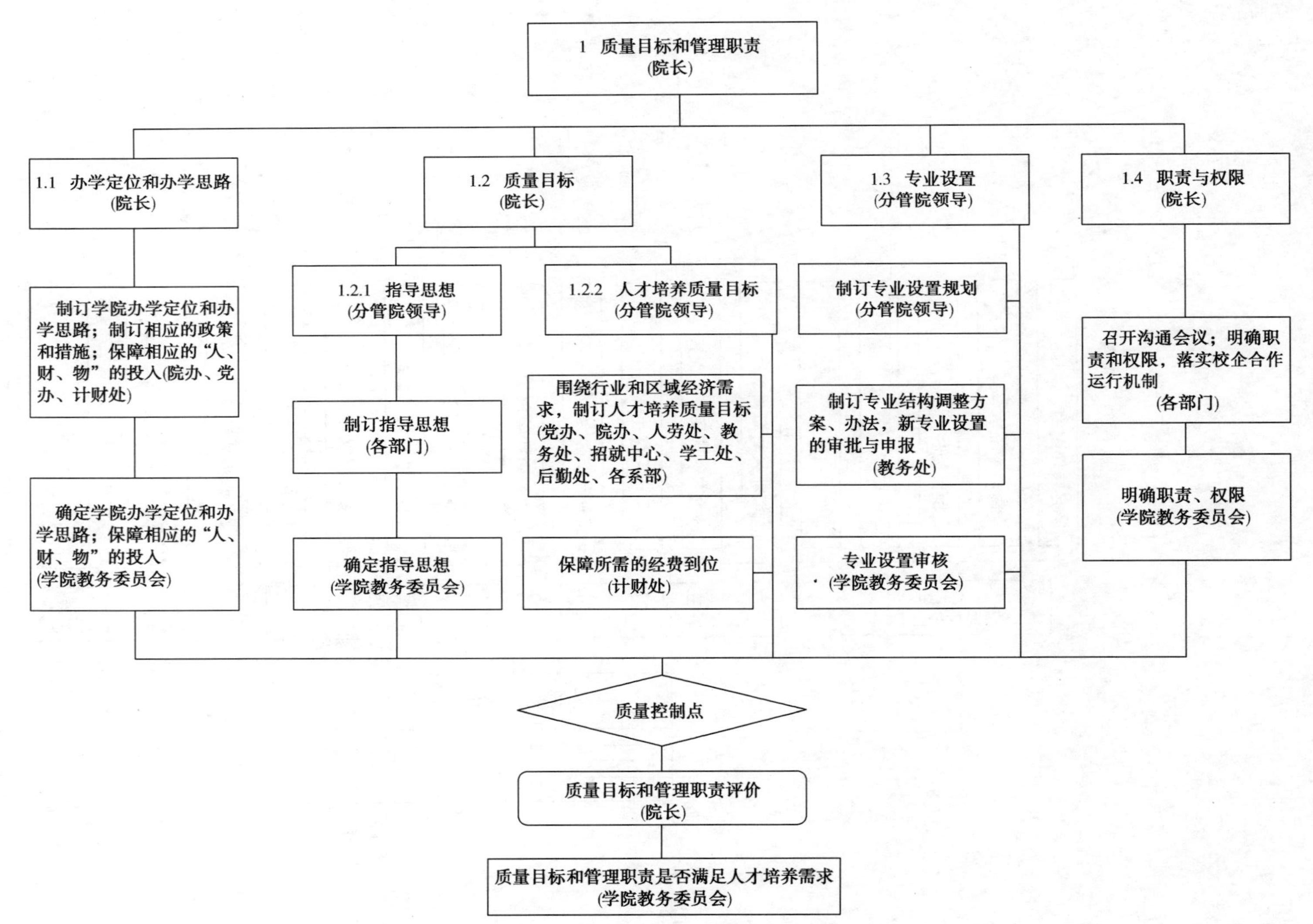

图4 学院人才培养质量目标和管理职责分框图

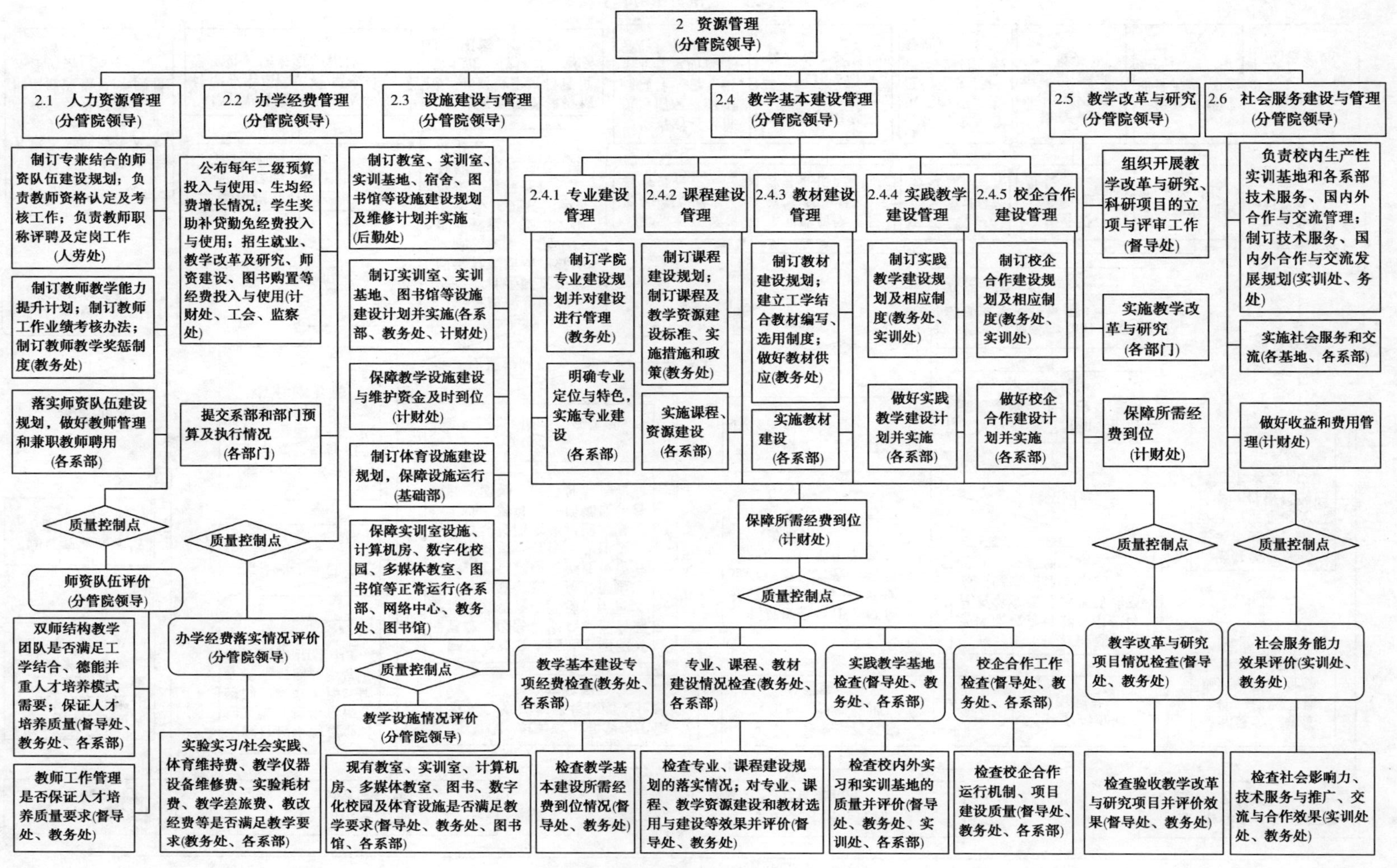

图5 学院人才培养资源管理监控保障分框图

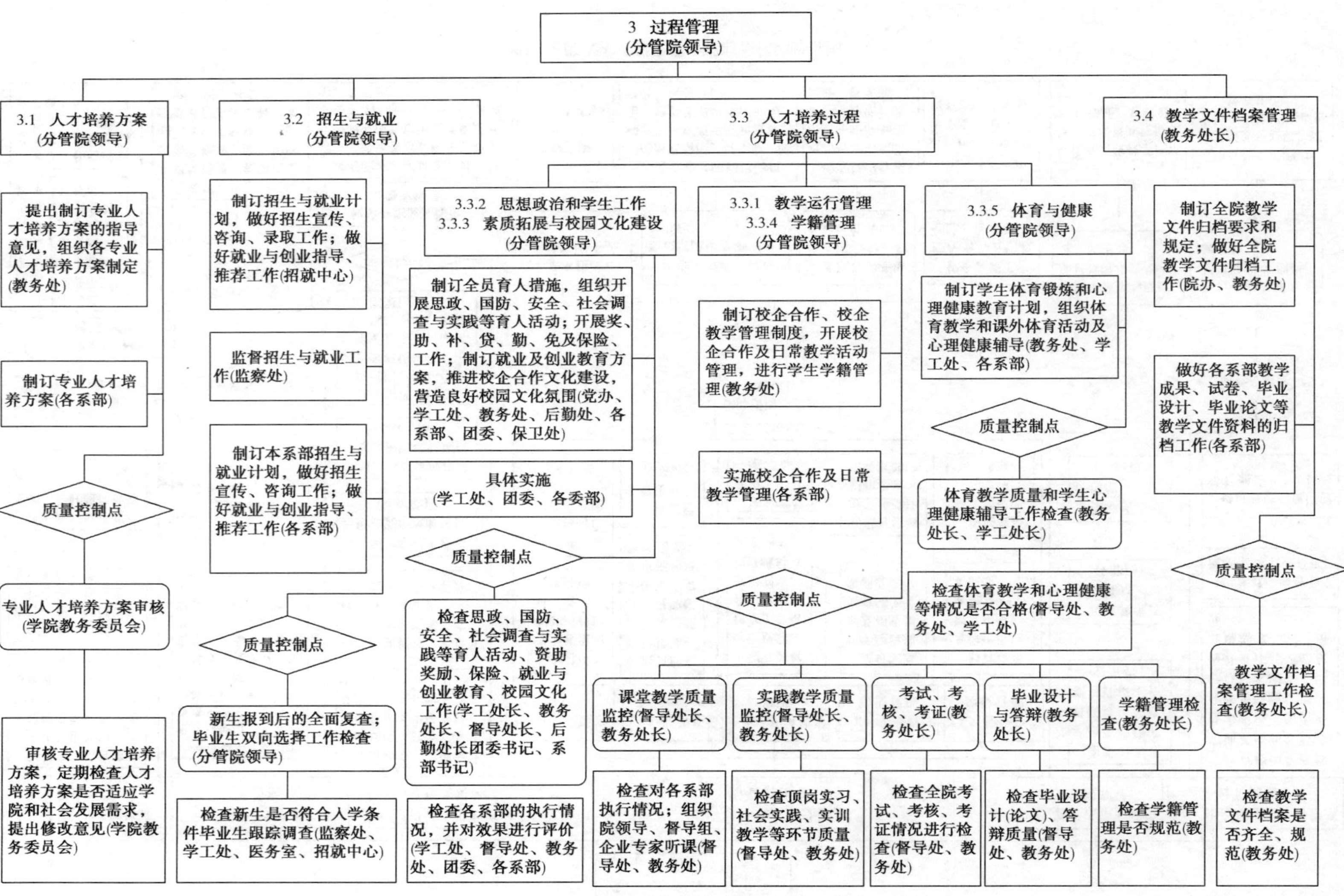

图6 学院人才培养过程管理监控保障分框图

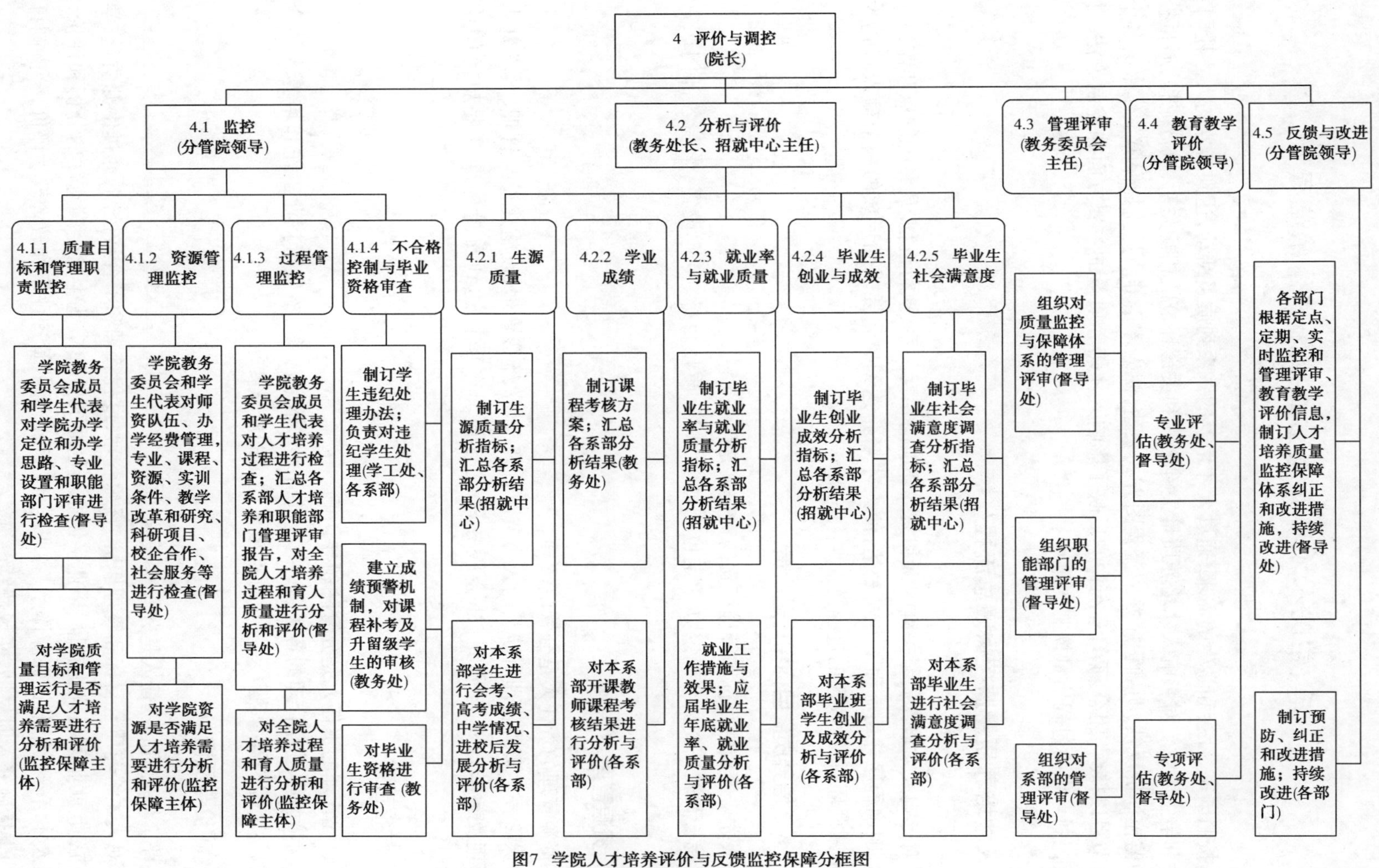

图7 学院人才培养评价与反馈监控保障分框图

三、学院人才培养质量监控保障体系流程

按照国家、社会和学生的需求，通过人才培养的一系列质量活动，达到培养的人才让国家、社会和学生满意。对影响人才培养质量关键因素和关键环节的相互关系、执行流程、质量控制点和监控评价反馈，明确程序并用流程图方式表达，使人才培养质量监控保障工作中的各个工作环节得以持续、闭合、循环运行。它反映了影响人才培养质量的主要方面和控制方法，并将质量控制点作为过程质量控制的重点。

1 人才培养质量监控保障总流程

对影响人才培养质量关键因素和关键环节的相互关系、执行流程、质量控制点和监控评价反馈，明确程序并用流程图方式表达，使人才培养达到质量要求而形成的一个输入转化为输出、不断循环、持续改建的过程链。

1.1 人才培养质量目标和管理职责

人才培养质量目标和管理职责的责任人是院长。

院长和教务委员会确定办学定位和办学思路、质量目标、专业设置、学院各部门职责与权限。

1.2 资源管理

资源管理的责任人是分管院领导。

保障教学资源管理所涉及的人力资源管理、教学经费管理、设施建设与管理、教学基本建设管理及教学改革与研究、社会服务建设与管理等项目达到质量标准概要规定的质量要求。

1.3 过程管理

过程管理的责任人是分管院领导。

保障教学过程管理的各关键环节，包括人才培养方案、招生与就业工作和培养人才全过程、教学文件档案管理达到质量标准概要规定的质量要求。

1.4 评价与反馈

评价与反馈的责任人是分管院领导。

对人才培养质量目标和管理职责、资源管理、过程管理和不合格控制，通过生源质量、学生学业成绩、就业率与就业质量、毕业生创业与创业成效和毕业生社会满意度的分析和评价，对学院人才培养质量监控保障体系、各职能部门和系部的管理评审和教育教学评价，分析制订预防、纠偏措施并及时反馈，实现持续改进。

学院人才培养质量监控保障总流程如图 8 所示。

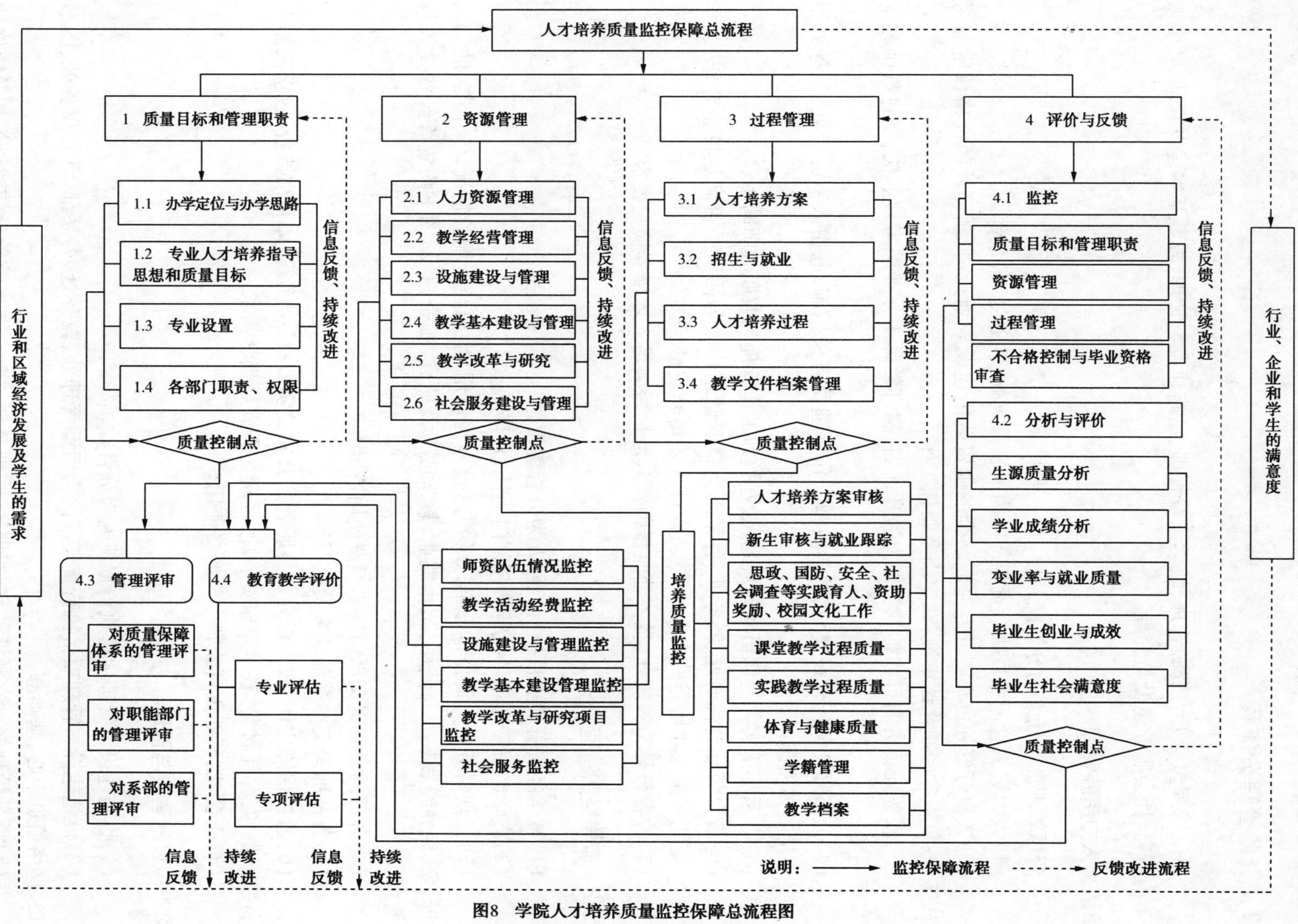

图8 学院人才培养质量监控保障总流程图

2 资源管理分流程

资源管理包括人力资源管理、教学经费管理、设施建设与管理、教学基本建设管理、教学改革与研究、社会服务建设与管理。

2.1 人力资源管理

资源管理的责任人为分管院领导。

(1)人力资源管理项目执行责任部门为人事劳资处、教务处、各系部。

(2)人事劳资处负责制订专兼职结合的师资队伍建设规划;负责制订教师资格认定与考核工作;负责教师职称评审推荐、定岗及聘任工作。

(3)教务处负责制订教师教学能力提升计划;制订教师工作业绩考核办法;制订教师教学奖惩制度。

(4)公布师资队伍建设规划、教学教师工作管理及有关措施,并由人事劳资处、教务处组织各系部具体实施。

(5)各系部落实师资队伍建设规划,做好教师工作管理和兼职教师聘用。

(6)教育督导与科研处、教务处、各系部监督双师结构教师团队是否满足校企合作、工学结合、德能并重人才培养模式实施需要;保证人才培养质量。

(7)教育督导与科研处、教务处监督师资队伍是否满足人才培养质量要求。

2.2 教学经费管理

(1)教学经费管理项目执行责任人为分管院领导。

(2)教学经费管理项目执行责任部门为计划财务处。

(3)计划财务处负责公布每年二级预算投入与使用、生均经费增长情况;学生奖、助、补、贷、勤、免等经费投入与使用;招生就业、教学改革及研究、师资建设、图书购置等经费投入与使用。

(4)各部门负责提交部门教学经费使用情况表。

(5)各系部提交本系部预算及执行情况。

(6)监控保障主体、教育督导与科研处监督实验实习/社会实践、体育维持费、教学仪器设备维修费、实验耗材费、教学差旅费、教改经费是否满足教学需求。

(7)工会、监察处负责监督办学经费使用。

2.3 设施建设与管理

(1)设施建设与管理项目执行责任人为分管院领导。

(2)设施建设与管理项目执行责任部门为后勤管理处、教务处、各系部、计划财务处、图书馆、网络信息中心、基础部。

(3)后勤管理处负责制订教室、实训室、实训基地、宿舍、图书馆等设施建设规划及维修计划并实施。

(4)教务处、各系部负责制订实训室、实训基地、图书馆等设施建设计划并实施。

(5)计划财务处负责保障教学设施建设与维护资金及时到位。

(6)教务处、图书馆、网络信息中心负责保障实训设施、计算机房、数字化校园、多媒体教室、图书馆等正常运行。

(7)基础部负责制订体育设施建设规划,保障设施正常运行。

(8)后勤管理处、计划财务处、教育督导与科研处、教务处、图书馆、信息管理中监督现有教室、实训室、计算机房、多媒体教室、图书、数字化校园及体育设施是否满足教学需求。

(9)工会、监察处负责监督教学经费使用。

2.4 教学基本建设与管理

2.4.1 专业建设与管理

(1)专业建设管理项目执行责任人为分管院领导。

(2)专业建设管理项目执行责任部门为教务处、计划财务处、各系部。

(3)教务处负责制订学院专业建设规划并对专业建设进行管理。

(4)各系部负责明确专业定位与特色,实施专业建设。

(5)教育督导与科研处、教务处、计划财务处、各系部监督检查专业建设规划的落实情况;对专业建设效果并评价。

2.4.2 课程建设与管理

(1)课程建设管理项目执行责任人为分管院领导。

(2)课程建设管理管理项目执行责任部门为教务处、各系部、计划财务处。

(3)教务处负责制订课程建设规划;制订课程及教学资源建设标准、优质核心课程、精品课程建设标准及实施措施和政策。

(4)计划财务处负责保障所需经费。

(5)各系部负责具体实施课程和教学资源建设。

(6)教务处、各系部、计划财务处检查课程建设规划的落实情况;对课程、教学资源建设效果并评价。

2.4.3 教材建设与管理

(1)教材建设管理项目执行责任人为分管院领导。

(2)教材建设管理理项目执行责任部门为教务处、各系部、计划财务处。

(3)教务处负责制订教材建设规划;建立工学结合教材编写、选用制度;做好教材供应工作。

(4)各系部负责具体实施教材建设。

(5)计划财务处保障所需经费。

(6)教务处、各系部、计划财务处监督检查教材建设规划的落实情况;对教材选用与建设等效果并评价。

2.4.4 实践教学管理

(1)实践教学建设管理项目执行责任人为分管院领导。

(2)实践教学建设管理管理项目执行责任部门为教务处、实训基地管理处、各系部、计划财务处。

(3)教务处、实训基地管理处负责制订实践教学建设规划及相应制度。

(4)各系部负责做好实践教学建设计划并具体实施。

(5)计划财务处负责保障所需经费。

(6)教育督导与科研处、教务处、实训基地管理处、各系部、计划财务处监督检查校内外实习和实训基地的质量并评价。

2.4.5 校企合作建设管理

(1)校企合作建设管理项目执行责任人为分管院领导。

(2)校企合作建设管理管理项目执行责任部门为教务处、实训基地管理处、各系部、计划财务处。

(3)教务处、实训基地管理处负责制订校企合作建设规划及相应制度。

(4)各系部负责做好校企合作建设计划并具体实施。

(5)计划财务处负责保障所需经费。

(6)教育督导与科研处教务处、实训基地管理处、各系部、计划财务处监督检查校企合作质量并评价。

2.5 教学改革与研究

(1)教学改革与研究项目执行责任人为分管院领导。

(2)教学改革与研究项目执行责任部门为教育督导与科研处、教务处、各部门、计划财务处。

(3)教育督导与科研处、教务处负责组织开展教学改革与研究、科研项目的立项与评审工作。

(4)各部门负责实施教学改革与研究。

(5)计划财务处负责保障所需经费。

(6)教育督导与科研处、教务处、各部门、计划财务处监督教学改革与研究项目进行检查和验收,并对使用效果进行评价。

2.6 社会服务建设与管理

2.6.1 技术服务与推广

(1)技术服务与推广项目执行责任人为分管院领导。

(2)技术服务与推广项目执行责任部门为教务处、实训基地管理处、各系部、计划财务处。

(3)教务处、实训基地管理处制订技术服务、国内外合作与交流发展规划;负责校内生产性实训基地和各系部技术服务、国内外合作与交流管理。

(4)各系部、实训基地管理处负责实施社会服务和交流。

(5)计划财务处负责保障所需经费。

(6)教育督导与科研处、实训基地管理处、教务处、各系部、计划财务处监督社会影响力、技术服务与推广、交流与合作效果进行评价。

2.6.2 交流与合作

(1)交流与合作项目执行责任人为分管院领导。

(2)交流与合作项目执行责任部门为实训基地管理处、教务处、各系部。

(3)实训基地管理处、教务处负责国内外合作与交流项目管理,制订国内外合作与交流发展规划。

(4)实训基地管理处、各系部负责合作与交流。

(5)计划财务处负责保障所需经费。

(6)教育督导与科研处、实训基地管理处、教务处、各系部、计划财务处监督社会影响力、技术服务与推广、交流与合作效果进行评价。

学院人才培养质量监控保障资源管理分流程如图9所示。

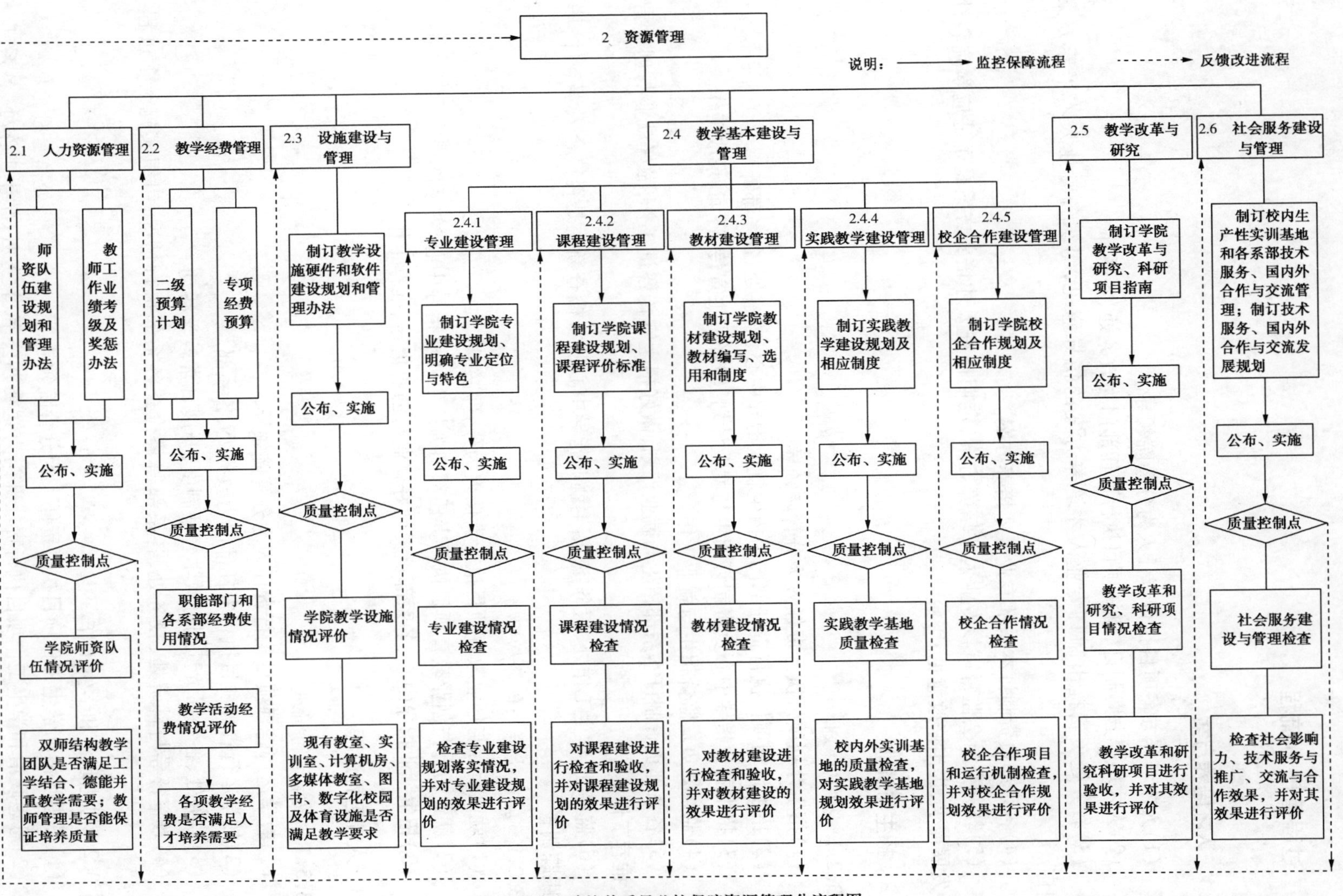

图9 学院人才培养质量监控保障资源管理分流程图

3 过程管理分流程

3.1 人才培养方案

(1)人才培养方案项目执行责任人为分管院领导。

(2)人才培养方案制订、审核项目执行责任部门为教务处、各系部。

(3)教务处负责提出制订专业人才培养方案的指导意见,组织各专业人才培养方案制订。

(4)各系部负责制订本系部专业人才培养方案。

(5)教务委员会监督审核专业人才培养方案,定期检查人才培养方案是否适应学院和社会发展需求,提出修改意见。

3.2 招生与就业

3.2.1 招生计划

(1)招生计划项目执行责任人为分管院领导。

(2)招生计划项目执行责任部门为招生就业指导中心、监察处、各系部。

(3)招生就业指导中心负责制订招生与就业计划,做好招生宣传、咨询、录取工作。

(4)监察处负责监督招生与就业工作。

(5)各系部负责制订本系部招生与就业计划,做好招生宣传咨询工作,做好就业与创业指导、推荐工作。

(6)监察处、学生工作处、医务室、招生就业指导中心监督检查新生是否符合入学条件;毕业跟踪调查

3.2.2 就业指导与创业教育

(1)就业指导与创业教育项目执行责任人为分管院领导。

(2)就业指导与创业教育项目执行责任部门为招生就业指导中心、各系部。

(3)招生就业指导中心、各系部负责做好就业与创业指导、推荐工作。

3.3 人才培养过程

3.3.1 教学运行管理

(1)教学运行管理项目执行责任人为分管院领导。

(2)教学运行管理项目执行责任部门为教务处、各系部。

(3)教务处、各系部负责制订教学管理制度,开展日常教学活动。

(4)教育督导与科研处、教务处、各系部监督检查各系部执行情况;组织实施教学过程监控。

3.3.2 思想政治和学生工作

(1)思想政治和学生工作项目执行责任人为分管院领导。

(2)思想政治和学生工作项目执行责任部门为党委办公室、教务处、学生工作处、各系部、团委、保卫处。

(3)党委办公室制订全员育人措施,教务处、学生工作处、招生就业指导中心、各系部制订

就业与创业教育方案;学生工作处、保卫处制订安全教育方案。教务处、学生工作处、招生就业指导中心、团委、保卫处、各系部组织开展思想政治、国防、安全教育、社会调查与实践等育人活动;开展奖、助、补、贷、勤、免和学生保险工作。

(4)教育督导与科研处、学生工作处、党委办公室、思想政治理论课教学研究部、团委、保卫处监督检查各系部执行情况,并对思想政治和学生工作进行监控。

3.3.3 素质拓展与校园文化建设

(1)素质拓展与校园文化建设项目执行责任人为分管院领导。

(2)素质拓展与校园文化建设项目执行责任部门为教务处、学生工作处、团委、各系部。

(3)教务处、学生工作处、团委、各系部负责制订并实施全员育人、实践育人活动方案,推进校园文化建设,将优秀的企业文化与校园文化有机融合,营造良好校园文化氛围。

(4)教育督导与科研处、教务处、学生工作处、团委、各系部监督检查各系部执行情况,并对素质拓展与校园文化建设进行监控。

3.3.4 学籍管理

(1)学籍管理项目执行责任人为分管院领导。

(2)学籍管理项目执行责任部门为教务处。

(3)教务处监督检查学籍管理是否规范。

3.3.5 体育与健康

(1)体育与健康项目执行责任人为分管院领导。

(2)体育与健康项目执行责任部门为教务处、学生工作处、各系部。

(3)教务处、学生工作处、各系部制订学生体育锻炼和心理健康教育计划,组织体育教学和课外体育活动及心理健康辅导。

(4)教育督导与科研处、教务处、学生工作处监督检查体育教学和心理健康辅导等工作。

3.4 教学文件档案管理

(1)教学文件管理项目执行责任人为分管院领导。

(2)教学文件管理项目执行责任部门为院长办公室、教务处、各系部。

(3)院长办公室、教务处负责制订全院教学文件归档要求和规定;做好全院教学文件归档工作。

(4)各系部负责做好教学成果、试卷、毕业设计、毕业论文等教学文件资料的归档工作。

(5)教务处监督检查教学文件档案是否齐全、规范。

4 评价与反馈

4.1 监控

4.1.1 质量目标和管理职责监控

(1)质量目标和管理职责项目责任人为分管院领导。

(2)质量目标和管理职责项目执行责任部门为监控保障主体、各部门。

(3)监控保障主体、各部门负责对办学定位、办学思路、专业设置和职能部门评审进行检查。

(4)教育督导与科研处、监控保障主体负责监控学院质量目标和管理运行是否满足人才培养需要。

4.1.2 资源管理监控

(1)资源管理监控项目责任人为分管院领导。

(2)资源管理监控项目执行责任部门为监控保障主体、各部门。

(3)监控保障主体、各部门对师资队伍、办学经费管理、专业、课程、资源、实训条件、教学改革和研究、校企合作、社会服务等进行检查。

(4)教育督导与科研处、监控保障主体负责监控学院资源是否满足人才培养需要。

4.1.3 过程管理监控

(1)过程管理监控项目责任人为分管院领导。

(2)过程管理监控项目执行责任部门为监控保障主体、各部门。

(3)教育督导与科研处在汇总各系部人才培养和各部门管理评审报告的基础上,分析、评价人才培养质量。

(4)教育督导与科研处、监控保障主体负责监控全院人才培养过程和育人质量。

4.1.4 不合格控制与毕业资格审查

(1)不合格控制与毕业资格审查项目责任人为分管院领导。

(2)不合格控制与毕业资格审查项目执行责任部门为教务处、学生工作处、各系部。

(3)学生工作处负责制订学生违纪处理办法,教务处负责建立成绩预警机制,对课程补考及学生降留级的审核,对毕业生资格进行审查。

(4)学生工作处、各系部负责对违纪学生处理;教务处负责对学生降留级的审核。

4.2 分析与评价

分析与评价包括生源质量分析与跟踪、学业成绩分析、就业率与就业质量、毕业生创业与成效、社会满意度。

4.2.1 生源质量分析

(1)生源质量分析项目执行责任人为分管院领导。

(2)生源质量分析项目执行责任部门招生就业指导中心、各系。

(3)招生就业指导中心负责制订生源质量分析指标,汇总各系部分析结果。

(4)各系负责对本系部学生进行会考、高考成绩、中学获奖情况、进校后发展分析与评价。

(5)招生就业指导中心、各系负责监督生源质量分析与评价。

4.2.2 学业成绩分析

(1)学业成绩分析项目执行责任人为分管院领导。

(2)学业成绩分析执行责任部门教务处、各系。

(3)各系负责对本系部各专业学生学业成绩进行分析。

(4)教务处汇总全院学生学业成绩分析与评价。

4.2.3 就业率与就业质量

(1)就业率与就业质量项目执行责任人为分管院领导。

（2）就业率与就业质量执行责任部门招生就业指导中心、各系。

（3）招生就业指导中心制订毕业生就业率与就业质量分析指标。

（4）各系依据毕业生就业率与就业质量分析指标分析本系就业率与就业质量。

（5）招生就业指导中心依据各系部分析结果对就业率与就业质量进行评价。

4.2.4 毕业生创业与成效

（1）毕业生创业与成效项目执行责任人为分管院领导。

（2）毕业生创业与成效执行责任部门招生就业指导中心、各系。

（3）招生就业指导中心负责制订毕业班学生创业及成效分析办法。

（4）各系依据学生创业及成效分析办法分析本系学生创业及成效。

（5）招生就业指导中心对毕业生创业及成效进行分析评价。

4.2.5 毕业生社会满意度

（1）毕业生社会满意度项目执行责任人为分管院领导。

（2）毕业生社会满意度执行责任部门招生就业指导中心、各系。

（3）招生就业指导中心、各系对毕业生进行社会满意度调查。

（4）各系对本系部毕业生社会满意度进行分析与评价。

（5）招生就业指导中心对全院学生社会满意度进行分析与评价。

4.3 管理评审

（1）管理评审项目执行责任人为教务委员会主任。

（2）管理评审项目执行责任部门是院教务委员会。

（3）教育督导与科研处组织召开院教务委员会会议，对质量监控与保障体系的管理评审；组织职能部门的管理评审；组织对系部的管理评审。

（4）在管理评审基础上，教育督导与科研处编写学院管理评审报告。

4.4 教育教学评价

（1）专业评估、专项评估项目执行责任人为分管院领导。

（2）专业评估执行责任部门为院教务处。

（3）专项评估项目执行责任部门依据评估方案确定。

（4）教务处定期组织开展专业评估，评估结果作为管理评审依据。

（5）专项评估按照评估方案进行，评估结果作为管理评审的依据。

（6）教育督导与科研处组织对专业评估和专项评估监控。

4.5 反馈与改进

（1）反馈与改进项目执行责任人为分管院领导。

（2）各部门根据定点、定期、实时监控和管理评审、教育教学评价信息，制订人才培养质量监控保障体系预防、纠正和改进措施。

（3）依据预防、纠正和改进措施持续改进。

学院人才培养质量监控保障过程管理分流程如图10所示。

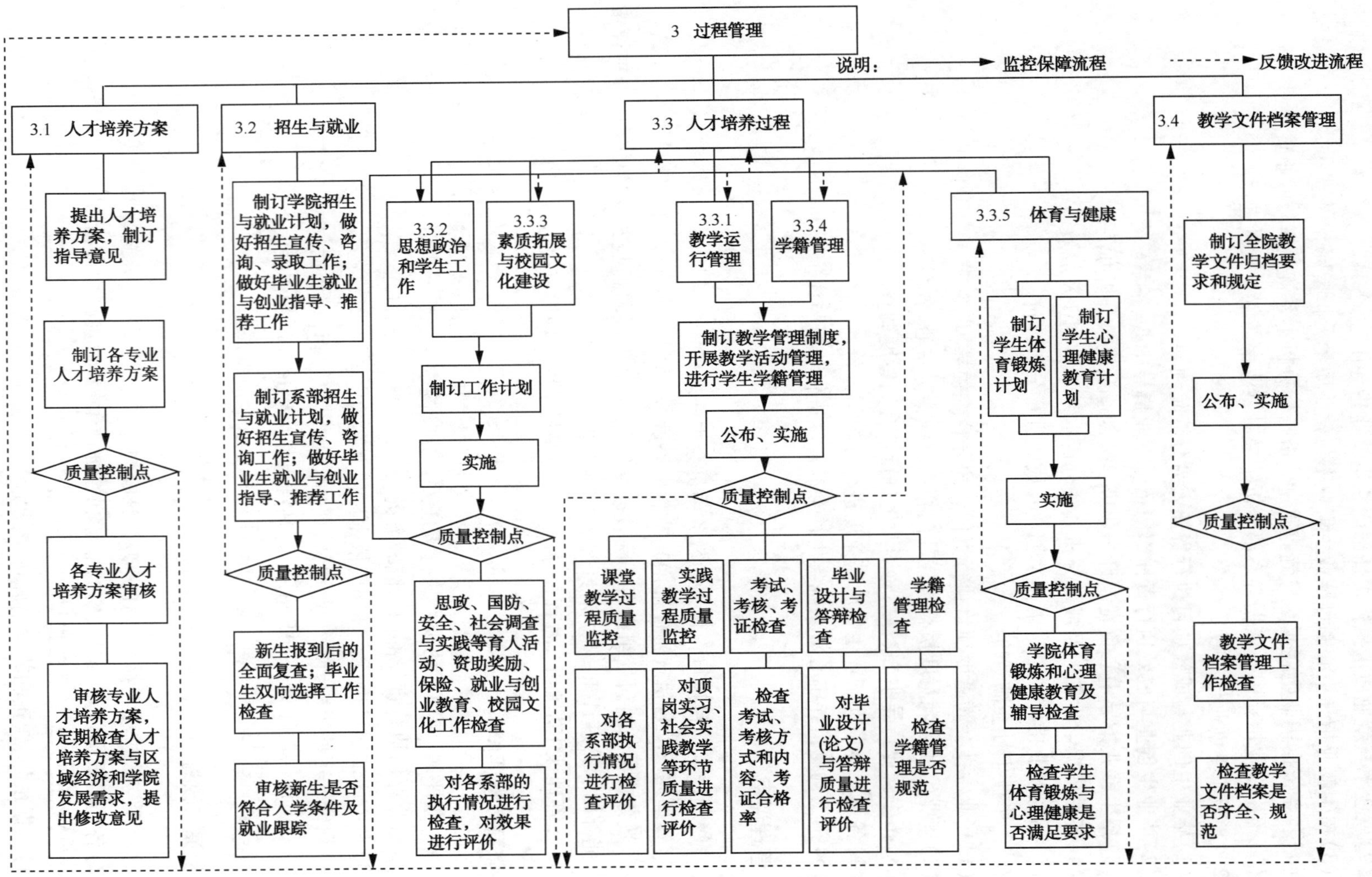

3 过程管理

说明：→ 监控保障流程　　--→ 反馈改进流程

3.1 人才培养方案

提出人才培养方案，制订指导意见

制订各专业人才培养方案

质量控制点

各专业人才培养方案审核

审核专业人才培养方案，定期检查人才培养方案与区域经济和学院发展需求，提出修改意见

3.2 招生与就业

制订学院招生与就业计划，做好招生宣传、咨询、录取工作；做好毕业生就业与创业指导、推荐工作

制订系部招生与就业计划，做好招生宣传、咨询工作；做好毕业生就业与创业指导、推荐工作

质量控制点

新生报到后的全面复查；毕业生双向选择工作检查

审核新生是否符合入学条件及就业跟踪

3.3 人才培养过程

3.3.2 思想政治和学生工作

3.3.3 素质拓展与校园文化建设

制订工作计划

实施

质量控制点

思政、国防、安全、社会调查与实践等育人活动、资助奖励、保险、就业与创业教育、校园文化工作检查

对各系部的执行情况进行检查，对效果进行评价

3.3.1 教学运行管理

3.3.4 学籍管理

制订教学管理制度，开展教学活动管理，进行学生学籍管理

公布、实施

质量控制点

课堂教学过程质量监控

对各系部执行情况进行检查评价

实践教学过程质量监控

对顶岗实习、社会实践教学等环节质量进行检查评价

考试、考核、考证检查

检查考试、考核方式和内容、考证合格率

毕业设计与答辩检查

对毕业设计(论文)与答辩质量进行检查评价

学籍管理检查

检查学籍管理是否规范

3.3.5 体育与健康

制订学生体育锻炼计划

制订学生心理健康教育计划

实施

质量控制点

学院体育锻炼和心理健康教育及辅导检查

检查学生体育锻炼与心理健康是否满足要求

3.4 教学文件档案管理

制订全院教学文件归档要求和规定

公布、实施

质量控制点

教学文件档案管理工作检查

检查教学文件档案是否齐全、规范

图10 学院人才培养质量临控保障过程管理分流程图

第三部分　系部人才培养质量监控保障体系

一、系部人才培养质量监控保障体系概要

本概要从系部管理和监控的角度将影响人才培养质量的关键因素和关键环节分为质量目标和管理职责、资源管理、过程管理、评价与调控四个主要方面,涉及19个关键因素、38个关键环节,60个质量监控点,主要内容和质量要求如下:

1　质量目标和管理职责

1.1　系部定位和办学思路

主要内容:系部定位、建设思路。

质量要求:

(1)依据学院办学定位,明确系部发展定位,为行业企业培养"下的去、留得住、干得好"高端技能型人才。

(2)依据学院办学思路,明确系部建设思路,并制订相应的制度、措施。

1.2　质量目标

1.2.1　指导思想

主要内容:质量方针。

质量要求:遵循学院指导思想,树立质量意识,以提高质量为核心,注重内涵建设,深化"校企合作、工学结合、德能并重"人才培养模式改革,实现学生的知识、能力、素质协调发展。

1.2.2　人才培养质量目标

主要内容:质量目标。

质量要求:

(1)把行业企业、学生需求和满意度作为衡量人才培养质量的标准。

(2)以提高质量为核心,注重内涵发展,不断深化高等职业教育改革,全面提高人才培养质量,培养德智体美全面发展的中国特色社会主义事业建设者和接班人。

1.3　专业设置

主要内容:专业设置与规划。

质量要求:

(1)及时跟踪市场需求的变化,主动适应区域、行业经济和社会发展需要,根据学院办学

条件,有针对性地调整和设置专业。

(2)在充分调研、分析和专业建设委员会论证的基础上,制订系部专业建设规划,形成重点突出、特色鲜明的专业体系。

1.4 职责与权限

主要内容:职责、权限及工作流程。

质量要求:

(1)明确本系部各岗位职责和权限,完善系部规章制度,将人才培养和校企合作的每项工作落实到各教研室。

(2)建立工作流程,加强沟通与交流。

2 资源管理

2.1 人力资源管理

主要内容:师资队伍建设、教师工作业绩考核、教学团队。

质量要求:

(1)依据学院师资队伍建设规划,制订系部师资队伍建设计划,制订教师轮训计划,实现教师到企业顶岗锻炼,两学年内累计不少于两个月,且能保质保量,具有双师素质专业教师比例达到90%。

(2)聘请行业企业技术骨干和能工巧匠到学院担任兼职教师,兼职教师承担的专业课学时比例达50%。

(3)做好教师业绩考核工作,充分调动教师工作积极性。

2.2 教学经费管理

主要内容:二级预算执行。

质量要求:

(1)执行学院二级预算,使用合理、公开透明。

(2)制订专项建设经费预算计划。

2.3 设施建设与管理

主要内容:设施建设与利用。

质量要求:

(1)落实好学院教室、宿舍、教学科研仪器设备、图书馆、教学用计算机、多媒体教室和实验实训室、实训中心、体育设施、校园网等的硬件和软件的建设与管理。

(2)按学院教学仪器使用、实习实训耗材管理办法,保障教学正常运行。

(3)充分利用数字化校园功能,实现教师备课、学生自学、社会培训等网上学习。

2.4 教学基本建设与管理

2.4.1 专业建设管理

主要内容:专业建设。

质量要求:

(1)专业定位合理,特色鲜明,打造品牌专业。

(2)依据行业企业需求与地域特点,构建并实施校企合作、工学结合、德能并重人才培养模式。

(3)专业教学团队满足人才培养质量需求。

(4)实训基地建设能满足60%以上学生半年顶岗实习、实训需要,基地就业学生不少于实习学生的40%。

(5)做好质量工程项目申报及建设。

2.4.2 课程建设管理

主要内容:课程建设。

质量要求:

(1)参照相关的职业资格标准,建立以职业素养、就业能力为本位课、岗、证融通的课程体系。

(2)课程定位准确,校企合作共同编制突出职业能力培养的课程标准,构建并实施基于工作过程的项目载体、任务驱动、学生主体的课程体系。

(3)制订优质核心课、精品课建设规划,按计划进行建设。

(4)有效利用网络平台,实现优质核心课、精品课和优质教学资源共享,教师利用率100%,学生利用率90%以上。

2.4.3 教材建设管理

主要内容:教材开发与选用。

质量要求:

(1)按学院教材编写、审定管理办法,与行业企业共同开发紧密结合生产实际的工学结合特色教材。

(2)按教材建设管理办法开展教材建设,重点建设专业开发工学结合特色教材达30%。

(3)严格教材审定和选用制度。优先选用国家优秀或规划教材,全部课程选用近5年内出版的教材,其中近3年出版(或自编)教材的比例≥80%。

2.4.4 实践教学建设管理

主要内容:实践教学体系、教学条件利用、社会实践。

质量要求:

(1)实践教学体系符合人才培养的要求,实践教学学时占总学时50%以上,教学活动与企业的生产过程紧密结合。

(2)加强实习、实训室内涵建设,60%的实训室建设与行业标准、生产现场一致,建设集教学、培训、技能鉴定、生产和科技服务为一体的共享型校内实训中心。

(3)实训开出率100%,其中校内生产性实训平均比例达60%,设备使用率达98%,设备完好率98%以上。

(4)按实习管理办法组织开展实习、实践教学。

(5)认真落实实践育人方案,按要求完成社会调查报告。

2.4.5 校企合作建设管理

主要内容:校企合作项目管理、运行效果、捐赠管理。

质量要求：

(1)依据校企合作管理办法，与企业在教学、科研与生产方面开展合作，积极寻求校企合作项目，合作项目有明显成果和效益，达到与企业深度融合。

(2)通过校企合作项目，提高人才培养质量，提升社会服务能力。

(3)对企业的捐赠(学生资助、图书、设备、软件等)按管理制度严格管理，合理使用。

2.5 教学改革与研究

主要内容：教学改革与研究。

质量要求：

(1)开展教学改革及研究，每学期开展的学术活动不少于1次，按期完成教学、科研项目的研究内容。

(2)积极承担国家、省、院级专业、实训基地、教学团队、课程等建设项目。

(3)系部每年获得2项厅级以上奖励，教师获得4项厅级以上奖励，学生获得4项厅级以上奖励。

2.6 社会服务建设与管理

2.6.1 技术服务与推广

主要内容：技术服务与推广。

质量要求：制订系部教师开展技术服务管理办法，利用专业与资源优势积极开展技术服务与推广项目，达到双师素质教师培养目标。

2.6.2 交流与合作

主要内容：交流与合作。

质量要求：制订交流与合作计划，有序地开展交流与合作工作，合作项目3个以上，提升系部影响力。

3 过程管理

3.1 人才培养方案

主要内容：人才培养方案、人才培养方案初审。

质量要求：

(1)依据学院人才培养方案指导意见，与企业(行业)共同制订专业人才培养方案，实现专业与产业、课程内容与职业标准、教学过程与生产过程、学历证书与职业资格证书、职业教育与终身学习对接。

(2)执行人才培养方案审核流程，做好人才培养方案的初审工作。

3.2 招生与就业

3.2.1 招生计划

主要内容：招生计划。

质量要求：根据学院招生计划，结合专业特点，制订各专业招生计划。

3.2.2 就业指导与创业教育

主要内容:就业指导与创业教育。

质量要求:

(1)制订创业与就业教育计划,开展创业与就业教育,将就业与创业教育课程纳入课程体系。

(2)每学年专题研究学生就业工作不少于 6 次,为毕业生提供就业岗位数/毕业生总数≥2。

(3)积极开展调研活动,每年走访学生顶岗实习(就业)基地不少于 60%。

3.3 人才培养过程

3.3.1 教学管理

主要内容:教学运行管理。

质量要求:

(1)按学院教学运行管理制度,制订系部教学运行管理制度,认真做好系部教育教学运行管理工作。

(2)通过开学初、期中及不定期随机抽查等形式对日常教学情况进行检查;通过日常听课、设立学生信息员、召开学生座谈会等方式加强教学管理和教学检查。

(3)每学期分别召开 2 次以上教学、学生工作会议。

(4)按照课程考核管理办法实施考核,做好本系部成绩管理工作。

(5)依据学院师德师风建设方案,加强师德师风建设,做好教师工作业绩考核,学院复核教师工作业绩准确率 85% 以上。

(6)按照教学运行过程的质量监控点进行点对点监控。

(7)定期开展系部管理评审和教育教学评价,达到自我完善、自我激励和自我提高的目的。

3.3.2 思想政治和学生工作

主要内容:思想政治教育、国防教育、安全教育、学生日常管理、学生保险、学生奖助工作。

质量要求:

(1)落实学院爱国主义、感恩诚信等教育计划。

(2)严格执行党员培养发展流程,申请入党学生数占学生总数的 40% 以上。

(3)依据学院国防教育方案,积极开展国防教育,新生入学后国防教育不少于 2 周,使学生得到有效锻炼。

(4)制订学生安全应急预案并对预案每学年进行推演。

(5)对学生进行安全、法制教育每年不少于 2 次。

(6)完善学风、考风建设计划,学生出勤率达 95% 以上(含请假)。

(7)学生对辅导员工作测评满意率 90% 以上。

(8)每学年专题研究学生招生工作不少于 6 次。

(9)依据学院奖、助、补、贷、勤、免评定、发放办法、流程、国家奖、助、补、贷、免评定、发放办法、流程开展奖、助、补、贷、勤、免工作，经费使用公开、公正、公平。

(10)学生奖学金受奖面达学生人数25%(学院级)。

(11)及时办理学生医疗和顶岗实习保险、催缴有关费用。

3.3.3 素质拓展与校园文化建设

主要内容：全员育人、素质拓展、竞赛奖励、校园文化建设。

质量要求：

(1)依据学院全员育人实施方案，积极开展全员育人活动，把学风建设与德育工作相结合，形成良好的学风和健康向上的校风。

(2)在院团委、学工处领导下，制订社团、课外科技、文艺、社会实践等活动计划，开展各项活动，做到有计划、有措施、有实效。

(3)依据学院校园文化建设方案，围绕专业特点积极开展校园文化建设，将企业文化有机融入校园文化建设中，企业文化进校园、进系部、进专业、进课堂，构建和谐文明的校园文化氛围。

(4)每年开展一次校企技能大赛及联谊等活动。

3.3.4 学籍管理

主要内容：学籍异动处理。

质量要求：定期上报学籍异动情况，按学院学生管理规定，掌控学生学籍异动情况。

3.3.5 体育与健康

主要内容：体育与健康、心理健康教育。

质量要求：

(1)开展多样化的体育锻炼活动，培养学生自我锻炼的习惯。

(2)组织学生进行体质健康测试，学生体质健康测试合格率达98%。

(3)在学院心理咨询机构指导下，开展心理健康教育与心理咨询指导活动，每学年不少于2次。

3.4 教学文件档案管理

主要内容：教学文件档案管理。

质量要求：按学院教学文件归档要求和规定，做好教学文件归档工作，做到档案齐全、管理规范、便于查找。

4 评价与调控

4.1 监控

4.1.1 质量目标和管理职责监控

主要内容：质量目标和管理运行是否满足人才培养需要。

质量要求：

(1)对系部质量目标和管理职责进行监控评价。

(2)对部门质量目标和管理职责进行监控评价。

(3)对学院对质量目标和管理职责进行监控评价。

4.1.2　资源管理监控

主要内容:资源是否满足人才培养需要。

质量要求:

(1)对系部资源管理进行监控与评价。

(2)对部门资源管理进行监控与评价。

(3)对学院资源管理进行监控与评价。

4.1.3　过程管理监控

主要内容:人才培养过程和教学质量评价。

质量要求:

(1)对系部人才培养过程管理评审和教学质量进行监控和评价。

(2)对部门过程管理进行监控与评价。

(3)对学院人才培养过程和教学质量进行监控和评价。

4.1.4　不合格控制与毕业资格审查

主要内容:成绩预警、学生违纪处理、毕业资格初审。

质量要求:

(1)对成绩不合格学生进行预警,严格学生降留级、学生违纪处理。

(2)进行毕业生资格初审,保障毕业生质量。

4.2　分析与评价

4.2.1　生源质量分析

主要内容:生源结构与质量。

质量要求:

(1)分专业分析生源结构(性别、年龄、名族、生源地等)。

(2)分专业分析生源家庭经济状况(包括贫困生认定)。

(3)分专业分析生源质量(入学成绩、获奖情况等)。

4.2.2　学业成绩分析

主要内容:学业成绩。

质量要求:

(1)按学院课程考核管理办法进行课程考核。

(2)每学期按专业、班级进行课程考核分析并及时反馈。

(3)学生各门课程考核合格率不低于95%;专业技能考证合格率98%,学生体质健康测试合格率达98%;毕业生双证获取率达98%。

4.2.3　就业率与就业质量

主要内容:就业质量、优秀毕业生成长案例。

质量要求:

(1)应届毕业生调查90%以上,编写毕业生就业分析报告。

(2)毕业生签约率99%以上,初次就业率97%以上,就业对口率85%以上,起薪线高于全省平均水平10%以上。

(3)搜集优秀毕业生成长典型案例不低于毕业学生数的1%。

4.2.4 毕业生创业与成效

主要内容:创业教育、创业成效。

质量要求:

(1)制订创业就业工作计划,开展创业教育。

(2)及时搜集创业案例,对创业成效进行分析。

4.2.5 毕业生社会满意度

主要内容:毕业生跟踪调查、毕业生企业满意度。

质量要求:

(1)按学院毕业生跟踪调查管理办法开展毕业生跟踪调查。

(2)对半年以上毕业跟踪调查不低于90%,1年以上毕业跟踪调查不低于70%,2年以上毕业跟踪调查不低于50%,3年以上毕业跟踪调查不低于15%。

(3)毕业生企业满意度达95%以上。

4.3 管理评审

主要内容:系部管理内审。

质量要求:

(1)进行系部管理评审。

(2)撰写系部管理评审报告。

(3)及时反馈,持续改进。

4.4 教育教学评价

主要内容:专业自评、专项自评。

质量要求:

(1)按照学院专业评估办法进行自评。

(2)撰写自评报告。

(3)及时反馈,持续改进。

(4)依据专项评估要求,制订工作计划。

(5)依据工作方案进行自评检查。

(6)依据专项评估工作要求,撰写专项自评评估报告。

(7)按专项评估反馈意见,制订措施,实施整改。

4.5 反馈与改进

4.5.1 制订预防纠正措施

主要内容:制订纠正、预防措施。

质量要求:依据系部管理评审和教育教学评价反馈意见,制订预防、纠偏、改进措施。

4.5.2 持续改进

主要内容:持续改进。

质量要求:以学生、企业、社会的需求和满意程度作为核心,依据预防、纠偏、改进措施持续改进。

系部人才培养质量监控保障指标体系见表4。

系部人才培养质量监控保障指标体系　　表4

主要方面	一级指标（关键因素）	二级指标（关键环节）	质量控制点	监控评价方式
1　质量目标和管理职责	1.1　办学定位和建设思路	1.1.1　办学定位和建设思路	1.系部定位 2.建设思路	定期监控,教育教学评价
	1.2　质量目标	1.2.1　指导思想	3.质量方针	定期监控,教育教学评价
		1.2.2　人才培养质量目标	4.质量目标	定期监控,教育教学评价
	1.3　专业设置	1.3.1　专业设置	5.专业设置与规划	定期监控,教育教学评价
	1.4　职责与权限	1.4.1　职责与权限	6.职责、权限及工作流程	定期监控,管理评审
2　资源管理	2.1　人力资源管理	2.1.1　师资队伍建设管理	7.师资队伍建设 8.教师工作业绩考核 9.教学团队	实时监控,管理评审,教育教学评价
	2.2　教学经费管理	2.2.1　经费投入和使用	10.二级预算执行	实时监控,管理评审
	2.3　设施建设与管理	2.3.1　设施建设与管理	11.设施建设与利用	实时监控,管理评审,教育教学评价
	2.4　教学基本建设与管理	2.4.1　专业建设管理	12.专业建设	实时监控,管理评审,教育教学评价
		2.4.2　课程建设管理	13.课程建设	实时监控,管理评审,教育教学评价
		2.4.3　教材建设管理	14.教材开发与选用	实时监控,管理评审,教育教学评价
		2.4.4　实践教学建设管理	15.实践教学体系 16.教学条件利用 17.社会实践	实时监控,管理评审,教育教学评价
		2.4.5　校企合作建设管理	18.校企合作项目管理 19.运行效果 20.捐赠管理	实时监控,管理评审,教育教学评价
	2.5　教学改革与研究	2.5.1　教学改革与研究	21.教学改革与研究	实时监控,教育教学评价

续上表

主要方面	一级指标（关键因素）	二级指标（关键环节）	质量控制点	监控评价方式
2 资源管理	2.6 社会服务建设与管理	2.6.1 技术服务与推广	22. 技术服务与推广	实时监控,管理评审,教育教学评价
		2.6.2 交流与合作	23. 交流与合作	实时监控,管理评审,教育教学评价
3 过程管理	3.1 人才培养方案	3.1.1 人才培养方案制订、审核	24. 人才培养方案 25. 人才培养方案初审	实时监控,管理评审,教育教学评价
	3.2 招生与就业	3.2.1 招生计划	26. 招生计划	实时监控,管理评审,教育教学评价
		3.2.2 就业指导与创业教育	27. 就业与创业教育	实时监控,管理评审,教育教学评价
	3.3 人才培养过程	3.3.1 教学管理	28. 教学运行管理	实时监控,管理评审,教育教学评价
		3.3.2 思想政治和学生工作	29. 思想政治教育 30. 国防教育 31. 安全教育 32. 学生日常管理 33. 学生奖、助工作 34. 学生保险	实时监控,管理评审,教育教学评价
		3.3.3 素质拓展与校园文化建设	35. 全员育人 36. 素质拓展 37. 竞赛奖励 38. 校园文化建设	实时监控,管理评审,教育教学评价
		3.3.4 学籍管理	39. 学籍异动管理	实时监控,管理评审
		3.3.5 体育与健康	40. 体育与健康 41. 心理健康教育	实时监控,教育教学评价
	3.4 教学文件档案管理	3.4.1 教学文件档案管理	42. 教学文件档案管理	实时监控,管理评审
4 评价与监控	4.1 监控	4.1.1 质量目标和管理职责监控	43. 质量目标和管理运行是否满足人才培养需要	实时监控,管理评审
		4.1.2 资源管理监控	44. 资源是否满足人才培养需要	实时监控,管理评审
		4.1.3 过程管理监控	45. 人才培养过程和教学质量和评价	实时监控,管理评审
		4.1.4 不合格控制与毕业资格审查	46. 不合格控制 47. 毕业资格初审	实时监控,管理评审

续上表

主 要 方 面	一级指标（关键因素）	二级指标（关键环节）	质量控制点	监控评价方式
4 评价与监控	4.2 分析与评价	4.2.1 生源质量分析	48. 生源结构与质量	实时监控，管理评审
		4.2.2 学业成绩分析	49. 学业成绩	实时监控，管理评审
		4.2.3 就业率与就业质量	50. 就业质量 51. 优秀毕业生成长案例	实时监控，管理评审
		4.2.4 毕业生创业与成效	52. 创业教育 53. 创业成效	实时监控，管理评审
		4.2.5 毕业生社会满意度	54. 毕业生跟踪调查 55. 毕业生企业满意度	实时监控，管理评审
	4.3 管理评审	4.3.1 学院领导评审管理体系	56. 系部管理评审	定期监控
	4.4 教育教学评价	4.4.1 专业评估、专项评估	57. 专业自评 58. 专项自评	定期监控
	4.5 反馈与改进	4.5.1 制订预防纠正措施	59. 制订纠正、预防措施	实时监控，实时反馈
		4.5.2 持续改进	60. 持续改进	实时监控，持续改进

二、系部人才培养质量监控保障体系框架

系部人才培养质量监控保障体系框架是系部人才培养质量监控保障工作正常运行的基本构架，它明确了人才培养质量监控保障的领导机构、管理机构、执行人才培养质量监控保障的工作机构及各自的职责，同时明确了人才培养质量监控保障的监控系统、主要监控内容及监控部门。

1 领导机构及管理职责

系部人才培养质量监控保障领导机构是系教务委员会。系教务委员会的成员由系主任、总支书记，副主任、教研室主任、特聘教授、企业技术骨干和能工巧匠、学生代表组成。系教务委员会在人才培养质量监控保障工作中的主要职责有：

(1)在院教务委员会的领导下开展人才培养质量监控保障体系的运行和持续改进工作。

(2)制订部门人才培养质量监控保障体系实施计划，编制实施方案，组织人才培养质量监控保障体系的运行。

(3)负责系部的管理评审、教育教学评价。

(4)汇总系部人才培养质量监控保障体系运行中的有关表格、数据、报告等信息并及时上报。

(5)根据监控保障主体和监控部门反馈信息持续改进各项工作，提高工作质量。

(6)完成教务委员会交办的其他任务。

2 工作机构及职责

系部人才培养质量监控保障工作由主任、总支书记负责。系部人才培养质量的第一责任人是主任、总支书记;系部执行人才培养质量监控保障工作的工作机构和人员主要为各教研室、教学干事、学工干事、全体教师和辅导员。专业教师和实习指导教师对教研室主任负责;教研室主任、教学干事对主任负责;辅导员、学工干事对系总支书记负责。

主要职责有:

(1)按照人才培养质量监控保障体系框架要求对系部定位和办学思路、质量目标、专业设置、职责与权限、管理评审、教育教学评价、年度人才培养质量报告等质量目标和管理职责进行监控与评价。

(2)进行人力资源管理、经费管理、设施建设与管理、教学基本建设管理、教学改革与研究、社会服务建设与管理,并对资源管理进行监控与评价。

(3)进行人才培养方案制订、招生与就业、日常教育教学过程与管理、教学文件和档案管理,并对过程管理进行监控与评价,通过质量目标和管理职责、资源管理、过程管理的监控与评价,对系部人才培养质量监控保障体系进行管理评审。

(4)通过管理评审和教育教学评价,进行分析,制订预防、纠偏、改进措施,持续改进。

3 监督系统及其主要监督内容

系部人才培养监控保障体系框架是学院人才培养质量监控保障框架的重要组成部分,监控系部人才培养质量监控保障体系的运行。由系部、学院监控部门、企业和学生共同实施监控。主要有实时监控、定点监控、定期监控。

(1)实时监控

系教务委员会秘书在教务处、系主任指导下对系部执行人才培养质量监控保障体系的情况进行实时监控,并定期将情况反馈给系主任、教育督导与科研处。

(2)定点监控

在教务处指导下对人才培养质量的质量控制点进行定点监控。实施定点监控的副主任、各教研室主任、教学干事、学工干事,将监控情况及时报告主任,并由系教务委员会向教育督导与科研处报告,并反馈给被监控人员。

(3)定期监控

定期组织管理评审,按上级要求开展教育教学评价,主要是对人才培养质量监控保障体系的评审,也包括对各部门在人才培养质量监控保障体系中执行情况的管理评审及对系(部)的管理评审。教育教学评价包括专业评估、专项评估等。

系部人才培养质量监控保障体系总框图如图 11 所示。

系部人才培养监控保障体系质量目标和管理职责分框图如图 12 所示。

系部人才培养监控保障体系资源管理分框图如图 13 所示。

系部人才培养监控保障体系过程管理分框图如图 14 所示。

系部人才培养监控保障体系评价与反馈分框图如图 15 所示。

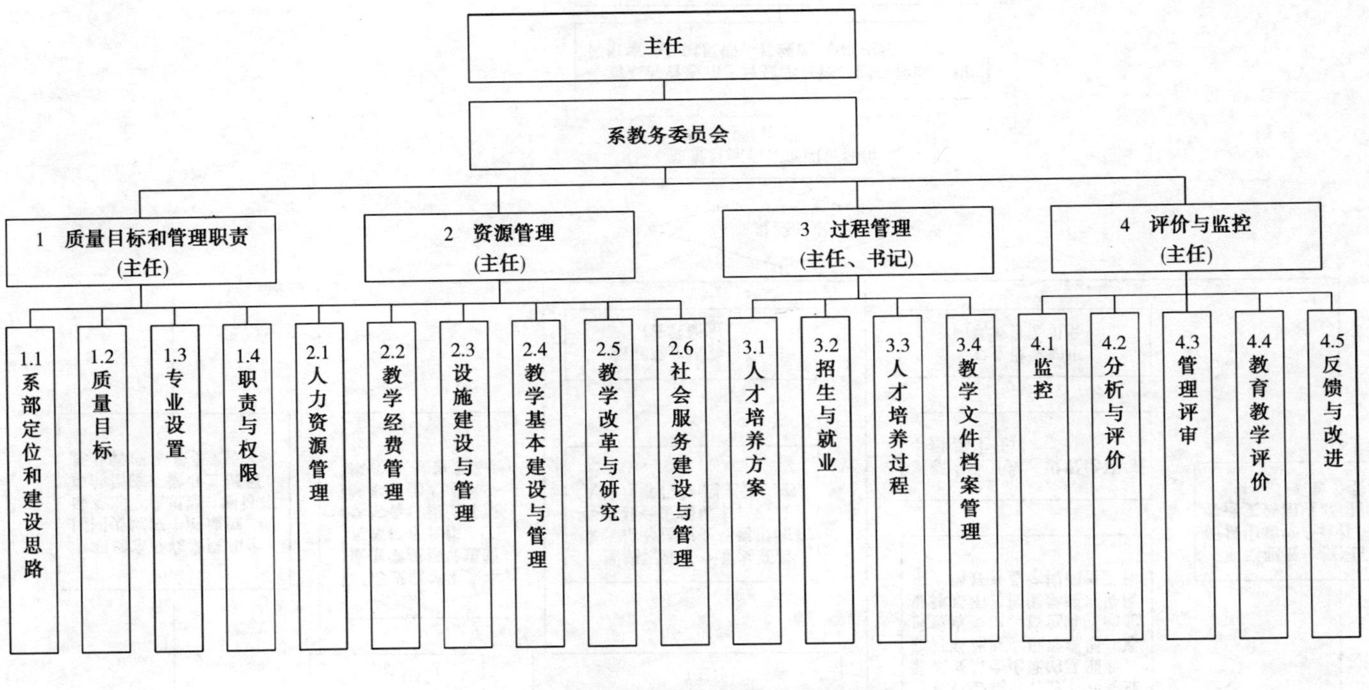

图11 系部人才培养质量监控保障体系总框图

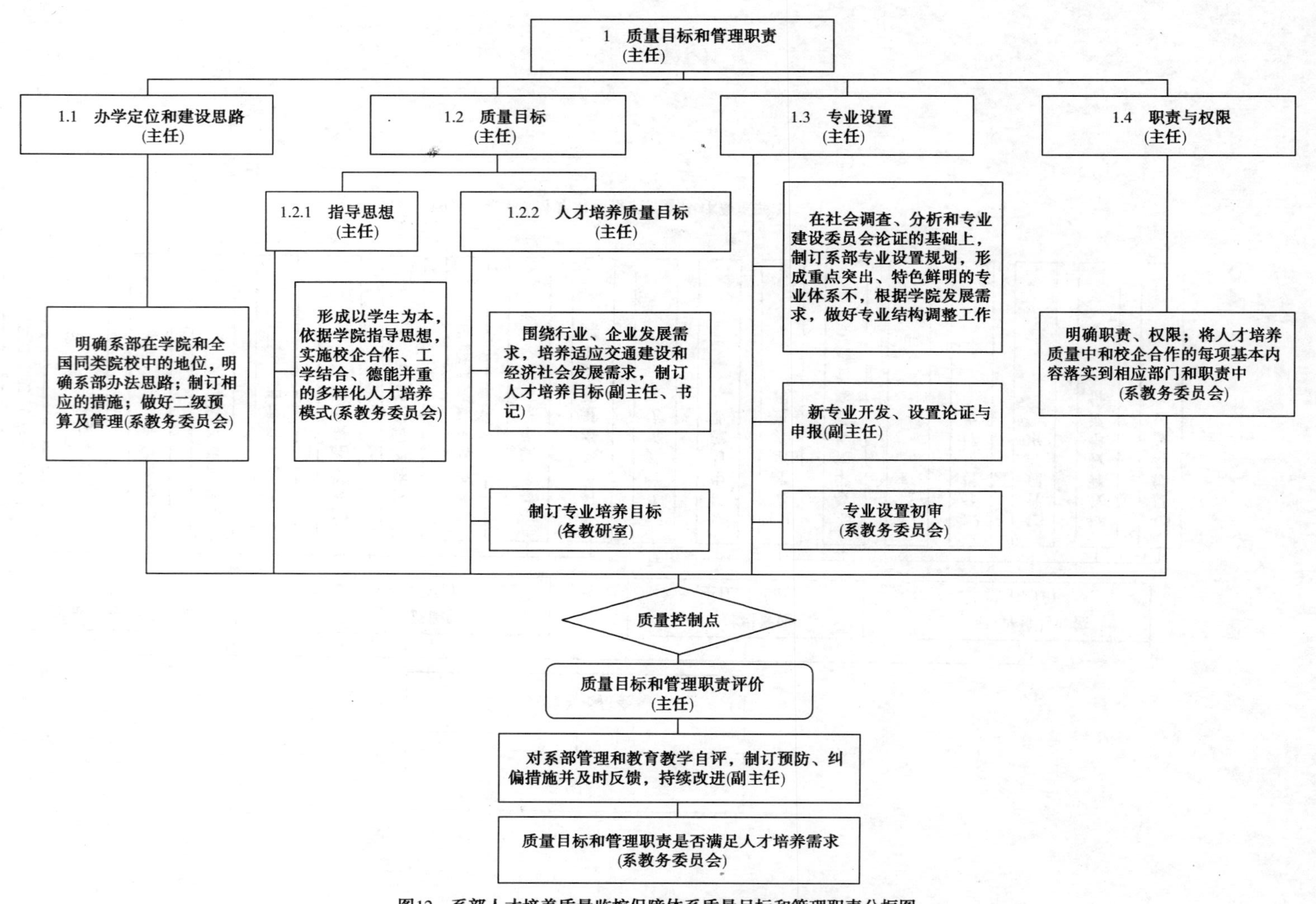

图12 系部人才培养质量监控保障体系质量目标和管理职责分框图

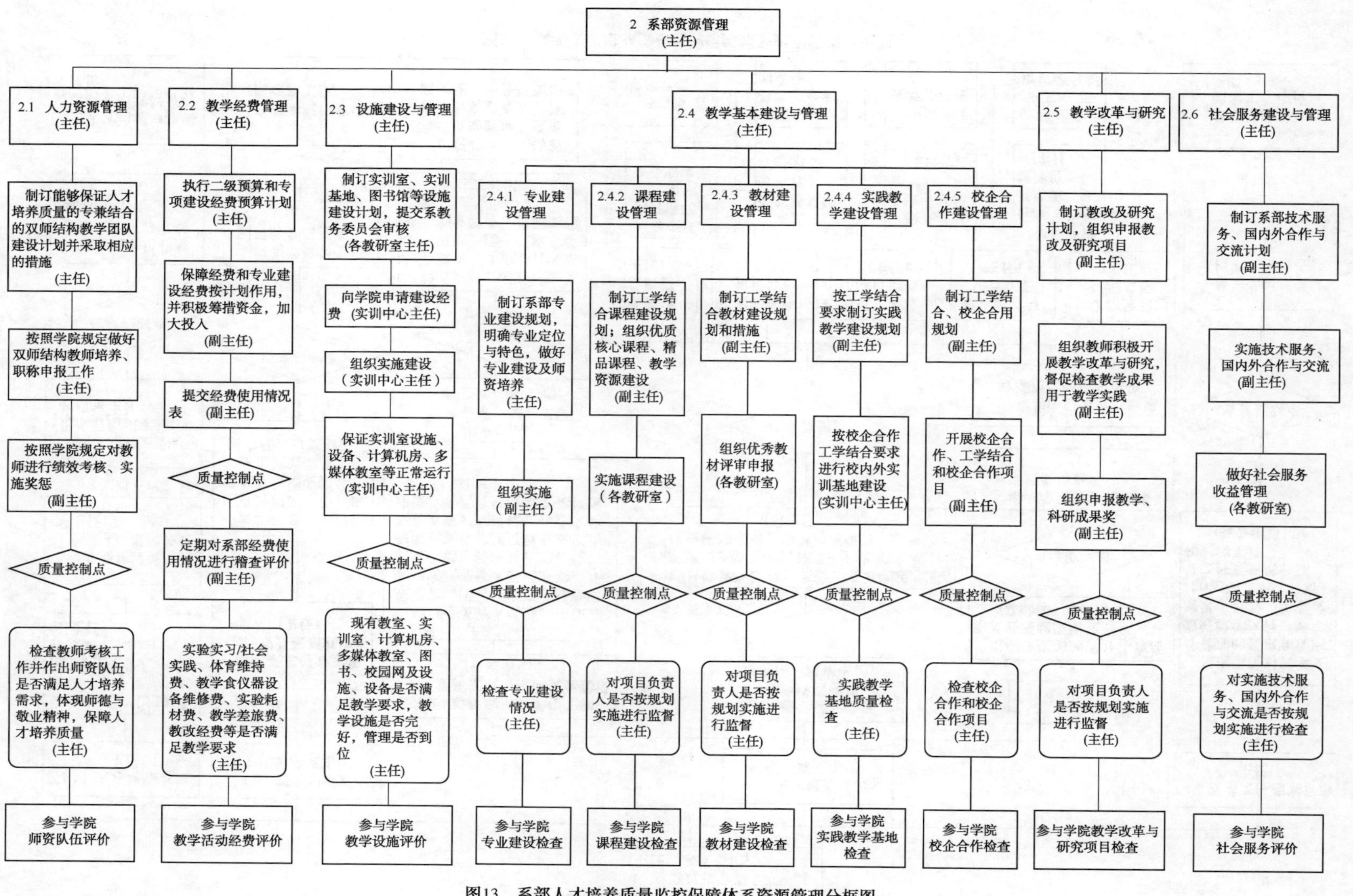

图13 系部人才培养质量监控保障体系资源管理分框图

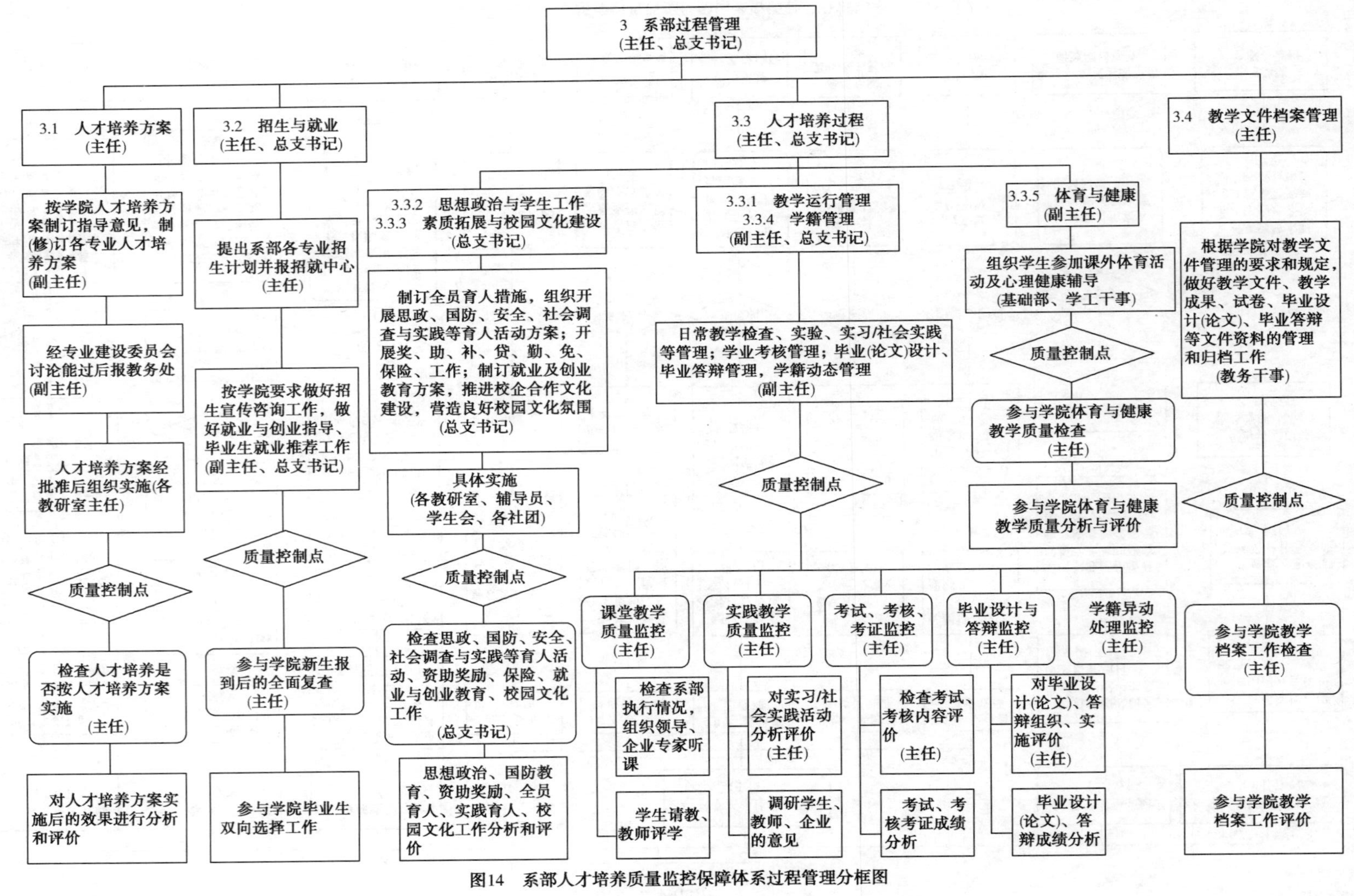

图14 系部人才培养质量监控保障体系过程管理分框图

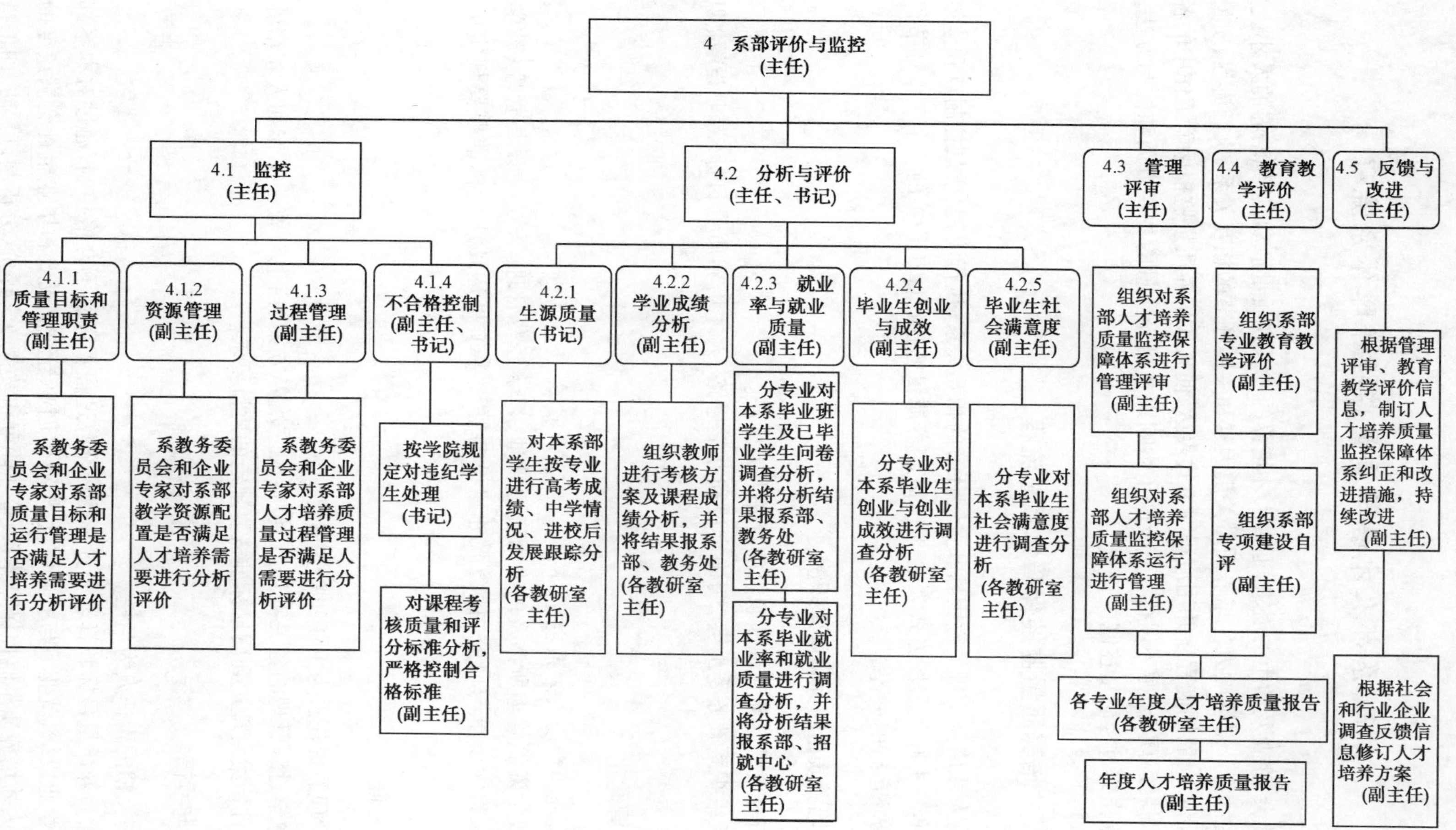

图15 系部人才培养质量监控保障体系评价与调控分框图

三、系部人才培养质量监控保障体系流程

按照社会、企业及学生的需求，通过人才培养的一系列质量活动，达到培养的人才让社会、企业及学生满意。对影响人才培养质量关键因素和关键环节的相互关系、执行流程、质量控制点和监控评价反馈，明确程序并用流程图方式表达，使人才培养质量监控保障工作中的各个工作环节得以持续、闭合、循环运行。它反映了影响人才培养质量的主要方面和控制方法，并将质量控制点作为过程质量控制的重点。

1　系部人才培养质量监控保障体系总流程

对影响人才培养质量关键因素和关键环节的相互关系、执行流程、质量控制点和监控评价反馈，明确程序并用流程图方式表达，使人才培养质量监控保障工作中的各个工作环节得以持续、闭合、循环运行的过程链。

1.1　人才培养质量目标和管理职责

人才培养质量目标和管理职责的责任人为主任。

由主任组织系教务委员会，明确定位和办学思路、人才培养质量目标、专业设置、职责与权限。

1.2　资源管理

资源管理的责任人为系主任。

保障教学资源管理所涉及的人力资源管理、教学经费管理、设施建设与管理、教学基本建设管理及教学改革与研究、社会服务建设与管理等项目达到质量标准概要规定的质量要求。

1.3　过程管理

过程管理的责任人为主任和总支书记。

保障教学过程管理的各关键环节，包括人才培养方案、招生与就业工作和人才培养全过程、教学文件档案管理达到质量标准概要规定的质量要求。

1.4　评价与反馈

评价与反馈的责任人为主任。

对人才培养质量目标和管理职责、资源管理、过程管理和不合格控制，通过对本系部生源质量、学生学业成绩、就业率与就业质量、毕业生创业与创业成效和毕业生社会满意度的分析和评价，对人才培养质量监控保障体系、管理评审和教育教学评价，分析制订预防、纠偏措施并及时反馈，实现持续改进。

系部人才培养质量监控保障体系总流程如图 16 所示。

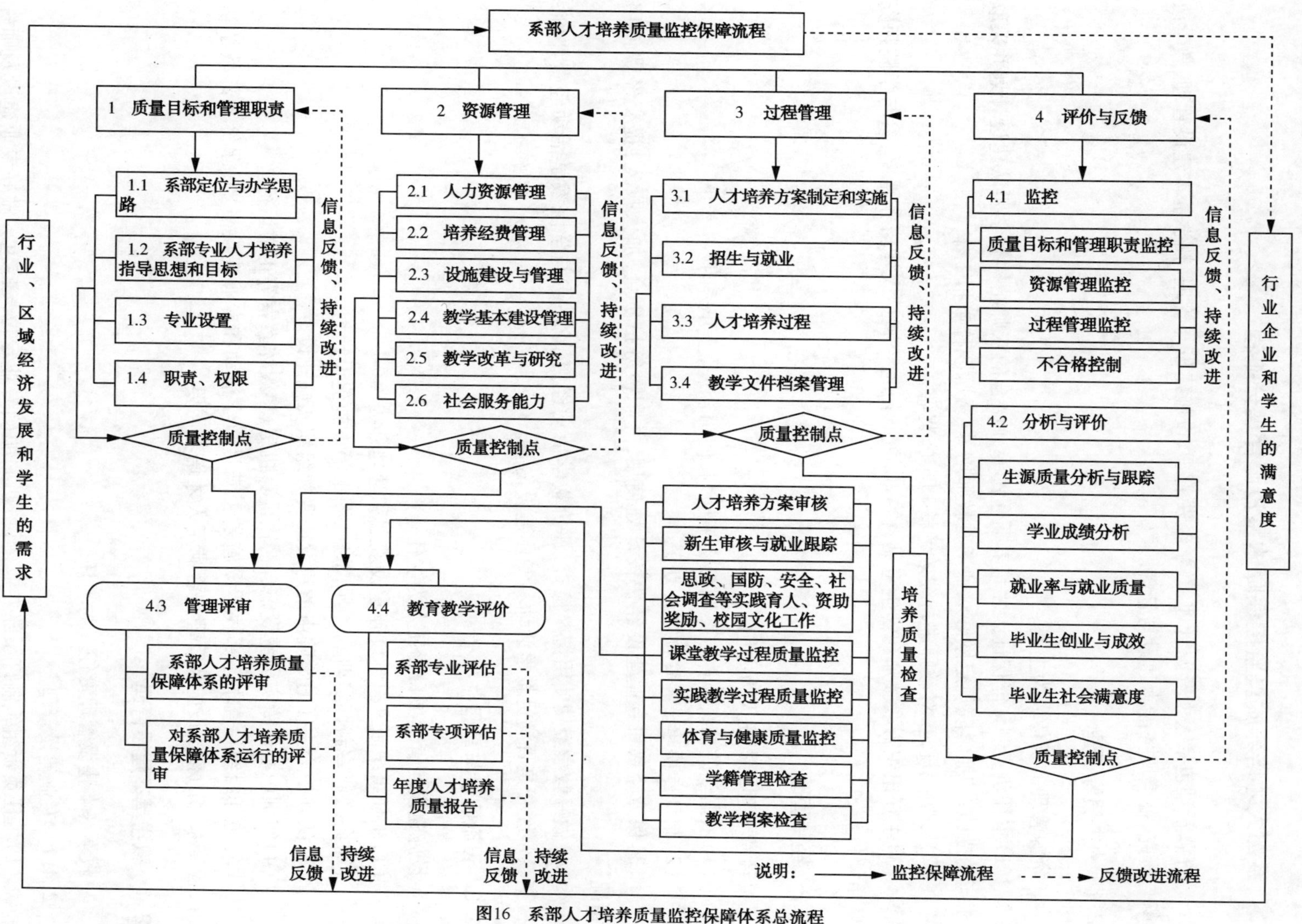

图16 系部人才培养质量监控保障体系总流程

2 系部人才培养质量监控保障体系资源管理分流程

资源管理包括人力资源管理、教学经费管理、设施建设与管理、教学基本建设管理、教学改革与研究、社会服务能力建设与管理。

2.1 人力资源管理

资源管理的责任人为主任。

(1)主任负责制订能保证人才培养质量的专兼结合的双师结构教学团队建设计划并采取相应的措施,按照学院规定做好双师素质教师培养、教师职称申报工作。

(2)按学院规定,对教师进行绩效考核和实施奖惩。

(3)主任组织听取教师和学生意见;检查师资队伍是否满足人才培养需要,参与学院师资队伍评价。

2.2 经费管理

经费管理的责任人为主任。

(1)依据学院二级预算方案制订实施计划,使用合理、公开透明。

(2)制订专项建设经费预算计划。

(3)保障经费和专业建设经费按计划使用,并积极筹措资金,加大投入;提交经费使用情况。

(4)做好教学经费使用情况检查,评价教学活动经费情况;参与学院教学活动经费评价,检查教学经费是否满足教学活动和专业建设需要。

2.3 设施建设与管理

设施建设与管理项目责任人为主任。

(1)主任组织制订教学设施建设规划和管理办法。

(2)各教研室制订实训室、实训基地、图书等设施建设计划。

(3)实训中心主任向学院申请建设经费并组织实施建设。

(4)实训中心保障实训室设施、设备、计算机房、多媒体教室等正常运行。

(5)主任组织检查本系部教学设施是否满足教学活动和专业建设需要;评价系部教学情况;检查系部的教学设施及管理是否满足人才培养需要。

2.4 教学基本建设管理

教学基本建设管理责任人为主任。

2.4.1 专业建设管理

(1)主任负责组织制订系部专业建设规划,明确专业定位与特色。做好专业建设及师资培养。

(2)副主任负责组织实施。

(3)主任组织检查系部的专业建设。

2.4.2 课程建设管理

(1)副主任组织制订工学结合课程建设规划;组织优质核心课、精品课、教学资源建设。

(2)各教研室组织教师实施优质核心课、精品课、教学资源建设。

(3)主任对项目负责人是否按项目要求实施进行监控。

2.4.3 教材建设管理

(1)副主任组织制订工学结合教材建设规划和措施。

(2)各教研室组织优秀教材初审及推荐。

(3)主任对项目负责人是否按项目要求实施进行监控。

(4)接受学院中期检查和验收。

2.4.4 实践教学建设管理

(1)副主任按人才培养方案要求组织制订实践教学建设规划,按建设计划组织实施。

(2)实训中心主任按实践教学建设规划组织校内外实训基地建设。

(3)主任组织校内外实训基地质量检查。

2.4.5 校企合作建设管理

(1)副主任组织制订校企合作规划。

(2)副主任组织开展校企合作项目建设。

(3)主任组织检查校企合作项目及运行情况。

(4)依据学院捐赠管理办法,严格管理、合理使用。

2.5 教学改革与研究

教学改革与研究项目责任人为主任。

(1)副主任组织制订教改及研究计划,组织申报教改及研究项目,并组织教师积极开展教学改革与研究,督促检查教改成果用于教学实践。

(2)副主任组织推荐、申报教学、科研成果奖。

(3)主任组织项目负责人是否按规划实施进行监督。

2.6 社会服务建设与管理

社会服务建设与管理的责任人为主任。

(1)副主任组织制订系部技术服务、国内外合作与交流计划。

(2)副主任组织实施技术服务、国内外合作与交流。

(3)各教研室做好社会服务项目和收益管理。

(4)主任组织对技术服务、国内外合作与交流是否按规划实施进行检查。

系部人才培养质量监控保障体系资源管理分流程如图 17 所示。

3 系部人才培养质量监控保障体系过程管理分流程

系部过程管理责任人为主任和总支书记。

3.1 人才培养方案

人才培养方案的责任人为主任。

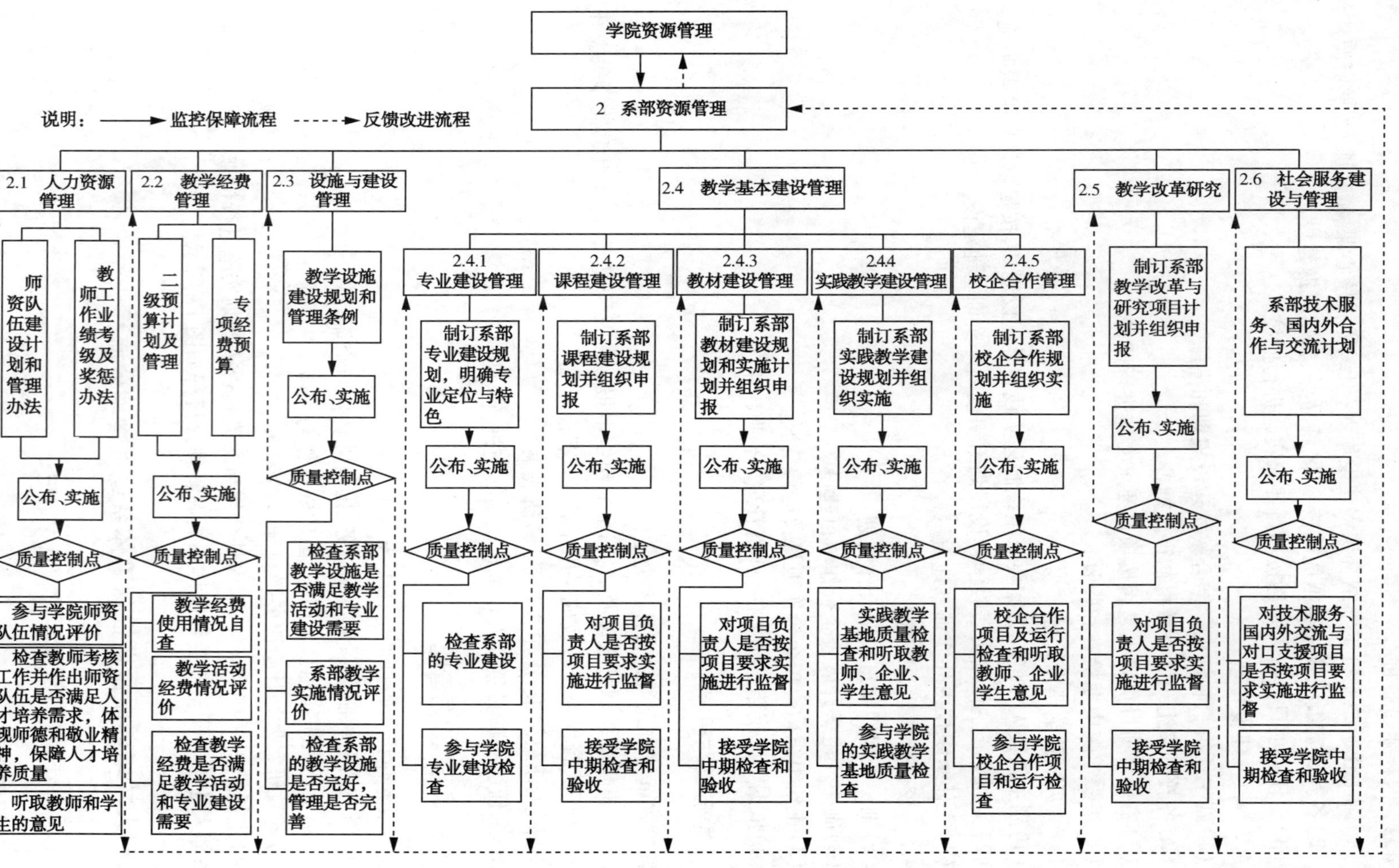

图17 系部人才培养质量监控保障体系资源管理分流程

(1)副主任负责按学院人才培养方案制定的原则意见,制(修)订系部各专业人才培养方案,经专业建设委员会讨论通过、经系教务委员会批准后报教务处。

(2)人才培养方案经批准后由各教研室主任负责组织实施。

(3)主任组织检查人才培养是否按人才培养方案实施并对实施效果做出评价。

3.2 招生与就业

招生与就业的责任人为主任和总支书记。

(1)副主任负责制订系部各专业招生计划并报学院招生就业指导中心。

(2)总支书记、副主任组织做好招生宣传咨询工作,做好就业与创业指导、毕业生就业推荐工作。

(3)主任参与新生报到后的全面复查和毕业生就业双向选择工作检查。

3.3 人才培养过程

人才培养过程的责任人为主任和总支书记。

3.3.1 教学运行管理

教学运行管理的责任人为副主任。

(1)副主任负责日常教学运行管理,组织实施日常教学检查、实验、实习/社会实践等管理;学业考核管理;毕业(论文)设计、毕业答辩管理。

(2)主任组织开展课堂教学、实践教学、考试、考核、考证、毕业设计与答辩等环节的质量监控。

3.3.2 思想政治和学生工作

思想政治和学生工作的责任人为系总支书记。

(1)思想政治和学生工作项目执行责任部门为各系党、团组织、辅导员、系学生会、各社团。

(2)总支书记组织制订思想政治教育、就业及创业教育和实践育人方案。

(3)各专业教研室、辅导员、学生会、各社团负责开展思政、国防、安全、社会调查与实践等育人活动,开展就业及创业教育、学生保险工作(校方责任险、医疗保险、顶岗实习保险),开展奖、助、补、贷、勤、免工作。

(4)书记组织检查思想政治、国防教育、安全教育、社会调查与实践育人、奖励资助、三项保险投保、就业与创业教育执行情况,并对系部思想政治和学生工作效果进行评价。

3.3.3 素质拓展与校园文化建设

素质拓展与校园文化建设的责任人为系总支书记。

(1)素质拓展与校园文化建设项目执行责任部门为系部各教研室、辅导员、学生会、各社团。

(2)总支书记组织制订素质拓展、校园文化建设方案。

(3)各教研室、辅导员、学生会、各社团组织实施系部素质拓展与校园文化建设。

(4)书记组织检查系部校企合作文化建设,校园文化建设质量。

3.3.4 学籍管理

学籍管理的责任人为主任。

(1)系部做好学籍动态管理。

(2)主任监督系部学籍动态管理是否规范。

3.3.5 体育与健康

体育与健康的责任人为副主任。

(1)学工干事和辅导员负责组织做好学生课外体育活动及心理健康辅导工作。

(2)主任参与学院体育锻炼质量检查、参与学生心理健康检查和评价。

3.4 教学文件档案管理

教学文件管理的责任人为主任。

(1)教学文件管理项目执行责任人为系部教务干事。

(2)教务干事根据学院对教学文件管理规定制订系部教学文件管理规定,做好教学文件、教学成果、试卷、毕业设计(论文)、毕业答辩等文件资料的管理和归档工作。

(3)主任组织检查教学文件档案是否齐全、规范。

系部人才培养质量监控保障体系过程管理与流程如图 18 所示。

4 监控

4.1 监控的责任人为主任

4.1.1 质量目标和管理职责

由副主任负责组织系教学委员会和企业专家对系部质量目标和运行管理是否满足人才培养需要进行分析评价;通过内部评审、分析,形成报告,制订预防改进措施。

4.1.2 资源管理

由副主任负责组织系教学委员会和企业专家对系部教学资源配置是否满足人才培养需要进行分析评价;通过内部评审、分析,形成报告,制订预防改进措施。

4.1.3 过程管理

由副主任负责组织系教学委员会和企业专家对系部人才培养过程是否满足人才培养需要进行分析评价,通过内部评审、分析,形成报告,制订预防改进措施。

4.1.4 不合格控制

(1)系书记负责,按学院学生降留级、学生违纪处理的规定,对学生降留级、学生违纪情况监控。

(2)副主任负责对课程考核质量和评分标准分析,对学生成绩进行预警,并采取措施,保障毕业生质量。

4.2 分析与评价

分析与评价的责任人为主任和书记。

项目主要内容有:分析与评价包括生源质量分析与跟踪、学业成绩分析、就业率与就业质量、毕业生创业与成效、社会满意度。

4.2.1 生源质量分析

(1)生源质量分析的责任人为系总支书记。

(2)各教研室做好对本系部学生按专业进行高考成绩、中学情况、进校后发展跟踪分析与评价。

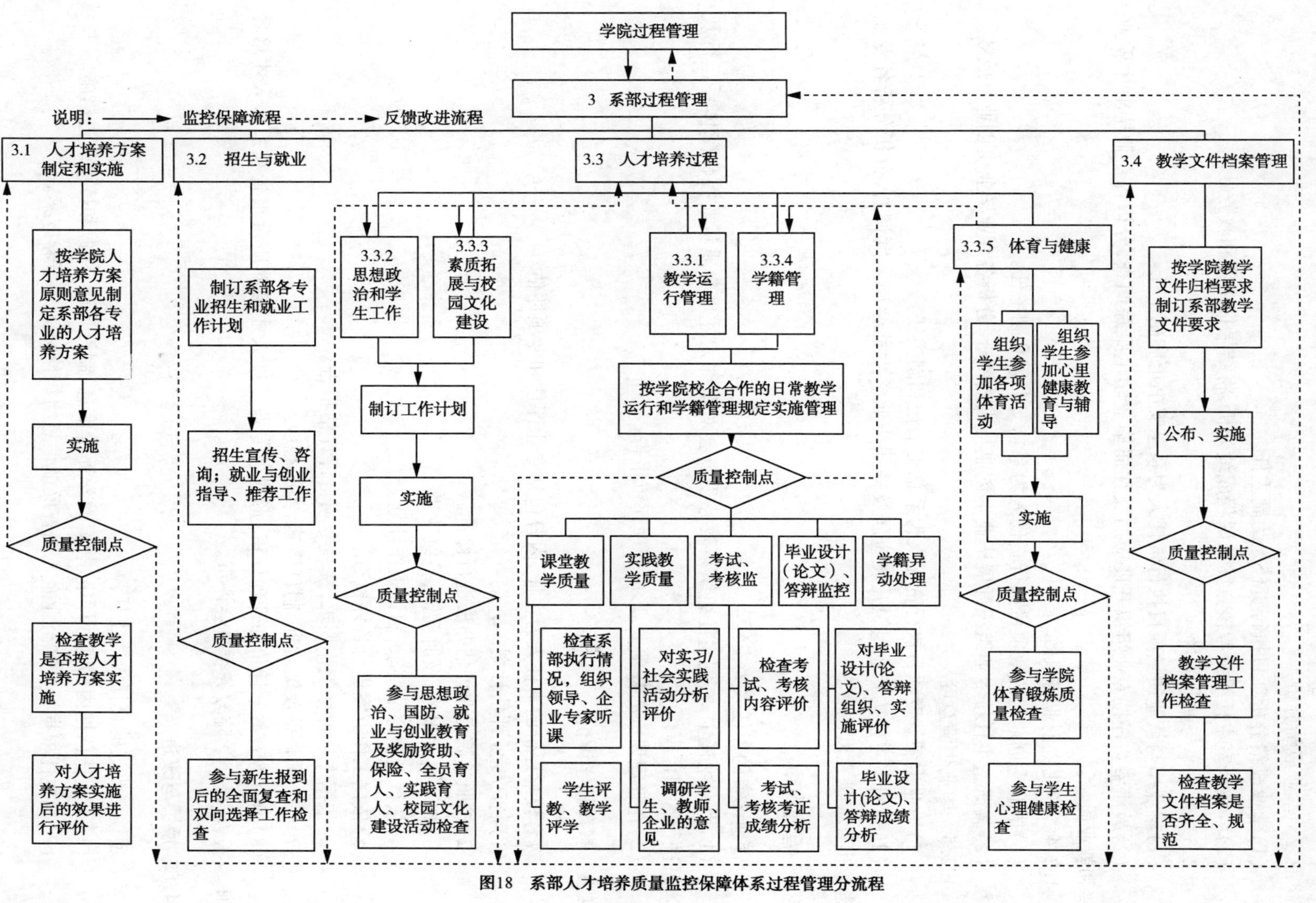

图18 系部人才培养质量监控保障体系过程管理分流程

(3)系部、招生就业指导中心负责监督。

4.2.2　学业成绩分析

(1)学业成绩分析项目执行责任人为副主任。

(2)各教研室主任组织考核方案及课程成绩分析,将结果报主任和教务处。

4.2.3　就业率与就业质量

(1)就业率与就业质量项目执行责任人为系总支书记和副主任。

(2)教研室主任按专业组织开展应届及往届毕业学生跟踪调查;分析各专业毕业生就业率和就业质量。

4.2.4　毕业生创业与成效

(1)毕业生创业与成效项目执行责任人为系总支书记和副主任。

(2)教研室主任按专业组织开展毕业生创业与成效调查,分析各专业毕业生创业与成效。

4.2.5　毕业生满意度

(1)毕业生满意度项目执行责任人为系总支书记和副主任。

(2)教研室主任按专业组织开展应届及往届毕业学生社会满意度调查,分析分析各专业毕业生社会满意度调查。

4.3　管理评审

管理评审的责任人为主任。

(1)由系主任主持,副主任组织系教务委员会对系部人才培养质量监控保障体系运行及体系进行管理评审。

(2)在管理评审的基础上,形成管理评审报告。

4.4　教育教学评价

教育教学评价的责任人为主任,内容包括专业评估和专项评估。

(1)制订专业评估计划。

(2)按照学院专业评估办法进行评价。

(3)撰写自评报告,及时反馈,持续改进。

(4)依据专项评估要求,制订工作计划。

(5)依据工作方案进行自评检查。

(6)依据专项评估工作要求,撰写专项自评评估报告。

(7)按专项评估反馈意见,制订措施,实施整改。

(8)通过教育教学评价和管理评审,形成各专业年度人才培养质量报告和系部人才培养质量报告,提交学院教务委员会评审。

4.5　反馈与改进

反馈与改进的责任人为主任。

(1)副主任依据内部管理评审、教育教学评价信息,制订预防、纠偏和持续改进措施。

(2)副主任根据社会和行业企业调查反馈信息组织修订人才培养方案。

第四部分　企业人才培养质量监控保障体系框架及流程

一、企业人才培养质量监控保障体系概要

本概要从企业人才培养质量监控与评价的角度将影响人才培养质量的关键因素和关键环节分为质量目标和管理职责、资源管理、过程管理、评价与调控四个主要方面，所涉及的16个关键因素、26个关键环节、28个质量监控点的主要内容和质量要求如下：

1　质量目标和管理职责

1.1　办学定位和建设思路

主要内容：办学定位和思路。

质量要求：依托行业办学，服务企业行业，理念先进，思路明确。

1.2　质量目标

1.2.1　指导思想

主要内容：质量方针。

质量要求：以职教集团为平台，专业建设委员会为纽带，创新实施校企合作、工学结合、德能并重的多样化人才培养模式，培养企业需要的人才。

1.2.2　人才培养质量目标

主要内容：质量目标。

质量要求：培养综合素质高、业务能力强、发展潜力足、受社会欢迎的高端技能型人才，为行业企业发展提供人才支撑和智力支持。

1.3　专业设置

主要内容：专业设置。

质量要求：紧贴行业设专业，专业设置与企业行业需求相一致，以重点专业为龙头，带动相关专业协调发展。

2　资源管理

2.1　人力资源管理

主要内容：师资队伍。

质量要求：

(1)教师职业教学能力符合高端技能型人才培养需要。

(2)教师执业资格证书持证比例高，为企业提供技术支持和服务。

(3)大力开展校企合作，聘请企业专业技术人员、能工巧匠承担教学任务。

2.2 教学经费管理

主要内容：经费投入和使用。

质量要求：

(1)多方筹措资金，办学经费投入满足教学需求，使用合理。

(2)积极开展校企合作，争取行业企业投入教学经费或学生奖励资助经费。

2.3 设施建设与管理

主要内容：设施建设与管理。

质量要求：教学设施满足国家要求，教室、教学科研仪器设备、图书馆、宿舍、教学用计算机、多媒体教室和实验实训室、实训中心、体育设施、数字化校园等的硬件和软件的满足教学需求。

2.4 教学基本建设与管理

2.4.1 专业建设管理

主要内容：专业建设。

质量要求：

(1)依据行业企业需求与地域特点，构建并实施校企合作、工学结合、德能并重人才培养模式。

(2)课程体系体现课、岗、证融通，教学方法实现教、学、做合一。

(3)校企共同开发课程、教材、共建共享实训基地、共享资源。

2.4.2 实践教学建设管理

主要内容：实践教学建设与利用。

质量要求：校企共建集教学、培训、技能鉴定、生产和科技服务五位一体的校内外实训基地。

2.4.3 校企合作建设管理

主要内容：校企合作。

质量要求：

(1)面向企业需求进行订单人才培养和企业员工培训，建立“校中厂、厂中校”，开展“订单班、冠名班”，探索适合学院和企业共同参与的人才培养模式。

(2)通过合作办学、合作育人、合作就业、合作发展，共同提升企业、学院的竞争力。

2.5 教学改革与研究

主要内容：教学改革与研究。

质量要求：利用信息技术和数字化校园网络建立生产教学双向服务平台，共同进行技术攻关、科技研发、技术推广、成果应用，提升科技研发能力，打造科技型企业、学院。

2.6 社会服务建设与管理

主要内容:技术服务与推广。

质量要求:利用校内生产性实训基地和师资及专业资源优势开展技术服务,进行科技成果转化和应用,服务行业企业发展。

3 过程管理

3.1 人才培养方案

主要内容:人才培养方案。

质量要求:校企共同制订人才培养方案,实现专业与产业对接,课程内容与职业标准对接,教学过程与生产过程对接,学历证书与职业资格证书对接、职业教育与终身学习对接。

3.2 就业

主要内容:就业与创业。

质量要求:校企共同开展就业教育与创业指导工作,及时发布企业用人信息,定期或不定期开展毕业生推介工作,为毕业生提供就业岗位,优先向合作企业推荐优秀毕业生。

3.3 人才培养过程

3.3.1 教学运行管理

主要内容:教学运行管理。

质量要求:教育教学管理制度健全,管理规范,秩序良好。

3.3.2 素质拓展

主要内容:素质拓展。

质量要求:校企联合共同开展社团、科技、技能比武、文艺活动和社会调查、社会实践等实践育人活动,全面提升学生综合素质。

3.3.3 文化建设

主要内容:校园文化。

质量要求:开展企业文化进校园、进系部、进专业、进课堂活动,将优秀的企业文化与校园文化有机融合,形成职业氛围浓郁、积极向上的校园文化氛围。

4 评价与监控

4.1 监控

4.1.1 质量目标和管理职责监控

主要内容:质量目标和管理运行是否满足人才培养需要。

质量要求:开展人才培养质量监控评价工作,对人才培养质量监控保障体系质量目标和管理运行是否满足人才培养需要提出意见和建议。

4.1.2　资源管理监控

主要内容:资源是否满足人才培养需要。

质量要求:对学院资源建设情况实施有效监控和评价,对发现的问题及时分析并纠正,保障资源管理和建设满足人才培养需要。

4.1.3　过程管理监控

主要内容:人才培养过程和教学质量评价。

质量要求:

对学院人才培养过程和教学质量监控、评价,提出意见和建议,及时反馈学院。

4.2　分析与评价

4.2.1　就业率与就业质量

主要内容:就业质量、优秀毕业生成长案例。

质量要求:

(1)开展毕业生就业率、就业质量调查工作,将毕业生就业率、签约率、就业对口率、起薪线作为衡量毕业生就业质量的主要指标。

(2)收集优秀毕业生成长案例,并加强宣传。

4.2.2　毕业生社会满意度

主要内容:毕业生企业满意度。

质量要求:积极客观评价企业对毕业生满意率、毕业生优良率。

4.3　管理评审

主要内容:定期评审。

质量要求:定期开展管理评审工作,提出意见和建议,及时反馈,人才培养质量监控保障体系有效运行。

4.4　教育教学评价

主要内容:专业评估,专项评估。

质量要求:

(1)开展专业评估工作,提出意见及建议。

(2)开展教育教学质量考核和教师业绩考核等专项评估工作,提出意见及建议。

4.5　反馈与改进

4.5.1　制订预防纠正措施

主要内容:制订纠正、预防措施。

质量要求:对学院各系部、各部门及企业在校企合作人才培养中的质量情况进行监控、评价,提出意见及建议。

4.5.2　持续改进

主要内容:持续改进。

质量要求:制订纠正措施和预防措施,并持续改进。

企业人才培养质量监控保障指标体系见表5。

企业人才培养质量监控保障指标体系　　表5

主要方面	一级指标（关键因素）	二级指标（关键环节）	质量控制点	监控评价方式
1　质量目标和管理职责	1.1　办学定位和建设思路	1.1.1　办学定位和建设思路	1.办学定位和思路	定期监控,教育教学评价
	1.2　质量目标	1.2.1　指导思想 1.2.2　人才培养质量目标	2.质量方针	定期监控,教育教学评价
	1.3　专业设置	1.3.1　专业设置	3.专业设置	定期监控,教育教学评价
2　资源管理	2.1　人力资源管理	2.1.1　师资队伍建设管理	4.师资队伍	实时监控,管理评审,教育教学评价
	2.2　教学经费管理	2.2.1　经费投入和使用	5.经费投入和使用	实时监控,管理评审
	2.3　设施建设与管理	2.3.1　设施建设与管理	6.设施建设与管理	实时监控,管理评审,教育教学评价
	2.4　教学基本建设与管理	2.4.1　专业建设管理	7.专业建设	实时监控,管理评审,教育教学评价
		2.4.2　实践教学建设管理	8.实践教学建设与利用	实时监控,管理评审,教育教学评价
		2.4.3　校企合作建设管理	9.校企合作	实时监控,管理评审,教育教学评价
	2.5　教学改革与研究	2.5.1　教学改革与研究	10.教学改革与研究	实时监控,教育教学评价
	2.6　社会服务建设与管理	2.6.1　技术服务与推广	11.技术服务与推广	实时监控,管理评审,教育教学评价
3　过程管理	3.1　人才培养方案	3.1.1　人才培养方案制定	12.人才培养方案	实时监控,管理评审,教育教学评价
	3.2　就业	3.2.2　就业指导与创业教育	13.就业与创业	实时监控,管理评审,教育教学评价
	3.3　人才培养过程	3.3.1　教学运行管理	14.教学运行管理	实时监控,管理评审,教育教学评价
		3.3.2　素质拓展	15.素质拓展	实时监控,管理评审,教育教学评价
		3.3.3　文化建设	16.校园文化	实时监控,管理评审,教育教学评价

续上表

主要方面	一级指标 （关键因素）	二级指标 （关键环节）	质量控制点	监控评价方式
4 评价与调控	4.1 监控	4.1.1 质量目标和管理职责监控	17. 质量目标和管理运行是否满足人才培养需要	实时监控，管理评审
		4.1.2 资源管理监控	18. 资源是否满足人才培养需要	实时监控，管理评审
		4.1.3 过程管理监控	19. 人才培养过程和教学质量评价	实时监控，管理评审
	4.2 分析与评价	4.2.1 就业率与就业质量	20. 就业质量 21. 优秀毕业生成长案例	实时监控，管理评审
		4.2.2 毕业生社会满意度	22. 毕业生企业满意度	实时监控，管理评审
	4.3 管理评审	4.3.1 评审管理体系	23. 定期评审	定期监控
	4.4 教育教学评价	4.4.1 专业评估、专项评估	24. 专业评估 25. 专项评估	定期监控
	4.5 反馈与改进	4.5.1 制订预防纠正措施	26. 制订预防纠正措施	实时监控，实时反馈
		4.5.2 持续改进	27. 持续改进	实时监控，持续改进

二、企业人才培养质量监控保障体系框架及流程

企业人才培养质量监控保障体系流程包括质量目标和管理职责、资源管理、过程管理、评价与反馈。通过对学院质量目标和管理职责、资源管理、过程管理、评价与监控，使人才培养质量监控保障工作中的各个工作环节得以持续、闭合、循环运行。一方面实现全过程监控评价、另一方面实现了评价主体的多元化。

(1)企业对学院办学定位、办学思路、专业人才培养指导思想和质量目标、专业设置、学院各部门管理职责和权限质量目标和管理职责进行实时、定点、定期监控、评价。

(2)企业对学院各专业师资队伍建设情况、教学活动经费、设施建设与管理、教学基本建设管理、教学改革与研究、社会服务能力方面的资源管理进行实时、定点、定期监控评价，参与学院人才培养。

(3)企业对学院人才培养方案设施、招生与就业服务、思想政治教育、国防教育、安全教育、全员育人、实践育人、校园文化建设、课堂教学过程的质量效果、实践教学过程质量、体育与健康质量等过程管理进行实时、定点、定期监控、评价。

(4)企业对学院质量目标和管理职责、资源管理、过程管理、不合格控制、分析与评价、管理评审、教育教学评价、反馈与改进评价与反馈进行实时、定点、定期监控评价。

(5)通过企业对学院质量目标和管理职责、资源管理、过程管理、评价与反馈，推进学院人才培养质量监控保障体系持续改进，人才培养质量不断提高。

企业人才培养质量监控保障体系框架及流程如图19所示。

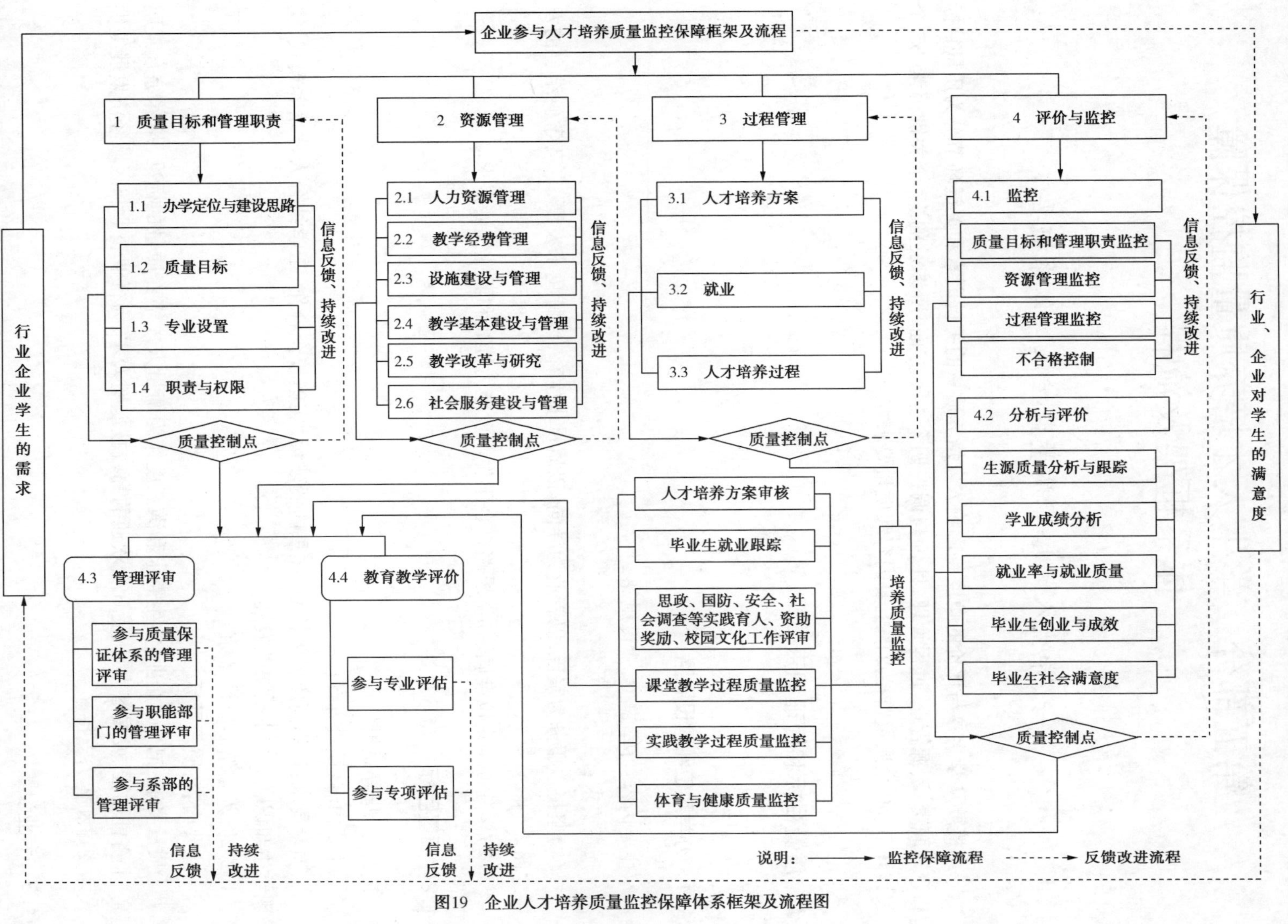

图19 企业人才培养质量监控保障体系框架及流程图

第五部分　学生人才培养质量监控保障体系框架及流程

一、学生人才培养质量监控保障体系概要

本概要从学生参与评价的角度将影响人才培养质量的关键因素和关键环节分为质量目标和管理职责、资源管理、过程管理、评价与调控四个主要方面，所涉及的17个关键因素、35个关键环节、50个质量监控点的主要内容和质量要求如下：

1　质量目标和管理职责

1.1　办学定位和建设思路

主要内容：办学定位、建设思路。

质量要求：

(1)坚持以服务为宗旨，以就业为导向，以质量求生存，以特色求发展，走产学研结合的发展之路。

(2)学院办学定位准确、办学思路符合学生职业能力提高和职业发展需求。

1.2　质量目标

1.2.1　指导思想

主要内容：质量方针。

质量要求：以提高质量为核心，注重内涵建设，实施校企合作、工学结合人才培养模式，实现学生知识、能力、素质协调发展。

1.2.2　人才培养质量目标

主要内容：质量目标。

质量要求：把行业企业、学生需求和满意度作为衡量人才培养质量的标准，培养综合素质高、业务能力强、发展潜力足、受社会欢迎的高端技能型人才，为行业企业和区域经济发展提供人才支撑和智力支持。

1.3　专业设置

主要内容：专业设置。

质量要求：专业设置符合市场需求，就业前景良好，助力学生成长成才。

2　资源管理

2.1　人力资源管理

主要内容:师资队伍。

质量要求:专兼职教师队伍满足人才培养需求,教书育人,为人师表,技能熟练。

2.2　教学经费管理

主要内容:教学经费、学生奖助经费、就业经费。

质量要求:

(1)教学条件良好,为学生创设了良好的学习环境。

(2)学生奖、助、补、贷、勤、免工作规范,公开、公平、公正,发放及时。

(3)就业经费投入能为就业工作的开展提供保障。

2.3　设施建设与管理

主要内容:设施建设及利用。

质量要求:教室、教学科研仪器设备、图书资源、宿舍、教学用计算机、多媒体教室和实训室、体育设施、数字化校园等硬件和软件使用管理规范,适应人才培养需要,满足专业学习及综合素质的提高的需求。

2.4　教学基本建设与管理

2.4.1　专业建设管理

主要内容:专业建设。

质量要求:

(1)实施校企合作、工学结合、德能并重人才培养模式。

(2)实施基于工作过程的项目载体、任务驱动、学生主体的教学模式。

2.4.2　课程建设管理

主要内容:课程建设、教学资源。

质量要求:

(1)课程体系体现课、岗、证融通,教学方法实现教、学、做合一。

(2)课程内容紧密联系生产实际,应用先进教育技术实施教学。

(3)利用数字化校园平台,为学生提供优质的网上教学资源。

2.4.3　教材建设管理

主要内容:教材建设。

质量要求:

(1)选用近5年内出版的高职高专规划教材,其中近3年出版教材的比例≥80%。

(2)校企共同开发的工学结合特色教材占有一定比例。

(3)教材内容贴合生产实际。

2.4.4 实践教学建设管理

主要内容:实践教学体系、条件及利用、社会实践。

质量要求:

(1)实践教学体系符合人才培养的要求,实践教学学时占总学时50%以上。

(2)形成集教学、培训、技能鉴定、生产和科技服务为一体的共享型校内实训中心。

(3)试验开出率达到90%以上,设备使用率达98%,设备完好率98%以上。

(4)广泛开展社会调查、社会实践活动,积极拓展学生综合素质。

2.4.5 校企合作建设管理

主要内容:校企合作。

质量要求:

(1)校企在教育教学与生产实践方面开展广泛合作,建立"校中厂、厂中校",以"订单班、冠名班"等多样化的模式共育人才。

(2)广泛开展技能竞赛、技术交流、校企联谊等多形式的活动,加深学生对企业的进一步了解。

2.5 教学改革与研究

主要内容:教学改革与研究。

质量要求:通过国家、省、院级专业、实训基地、教学团队、课程等教学改革与研究项目建设,不断提高人才培养质量。

2.6 社会服务建设与管理

2.6.1 技术服务与推广

主要内容:技术服务。

质量要求:充分发挥学院专业和生产性实训基地优势,面向社会开展勘察设计、工程监理、试验检测、汽车销售与维修、物流配送、技术培训、技能鉴定等技术服务工作,提升学院社会服务能力,为学生提供更多的实习、实训和就业岗位。

2.6.2 交流与合作

主要内容:交流与合作。

质量要求:开展与省内外同类院校、相同专业的合作与交流,开阔学生视野,拓展学生的就业机会,提升学生的发展潜力。

3 过程管理

3.1 人才培养方案

主要内容:人才培养方案。

质量要求:实施"校企合作、工学结合"的人才培养方案,体现专业与产业对接,课程内容与职业标准对接,教学过程与生产过程对接,学历证书与职业资格证书对接、职业教育与终身学习对接。

3.2 招生与就业

3.2.1 招生计划

主要内容:招生计划。

质量要求:

(1)学院用多形式、多手段、多层面开展招生宣传工作。

(2)招生录取工作阳光透明,公平公正。

3.2.2 就业指导与创业教育

主要内容:就业与创业教育。

质量要求:

(1)开展创业与就业教育,将就业与创业教育课程纳入课程体系。

(2)院系两级举办就业招聘会,为毕业生提供就业岗位数/毕业生总数≥2。

3.3 人才培养过程

3.3.1 教学管理

主要内容:教学运行。

质量要求:

(1)严格按人才培养方案实施教学,教学秩序正常,教风、学风良好。

(2)教师授课准备充分,实施项目载体、任务驱动、学生主体,教学做一体教学模式,充分调动学习积极性,学生能够运用所学知识和技能解决实际问题。

(3)通过日常听课、设立学生信息员、召开学生座谈会、开展经常性的日常教学检查等方式加强教学管理,实现不断改进。

(4)按照课程考核管理办法实施考核,成绩录入准确、及时,查询方便。

3.3.2 思想政治和学生工作

主要内容:思想政治教育、国防教育、安全教育、学生日常管理、学生保险。

质量要求:

(1)思想政治教育、职业道德教育渗透到教学工作的各个环节,经常开展爱国主义、集体主义、法制教育、诚实守信、感恩教育,学生党员及入党积极分子发挥模范带头作用。

(2)通过军事训练和日常军事科目教育进行国防教育,增强国防意识。

(3)通过日常教育、专题讲座、安全预案演练等形式开展安全教育,提高安全意识。

(4)学生工作制度健全,管理规范。

(5)学生管理人员工作积极主动、认真负责、服务意识强、关爱学生,助力学生成长成才。

(6)按学生手册和规章制度进行日常管理,德育考核严格、规范。

(7)在校生校方责任险、医疗保险、顶岗实习保险投保率达到100%。

3.3.3 素质拓展与校园文化建设

主要内容:全员育人、素质拓展、竞赛奖励、校园文化。

质量要求:

(1)校风良好,全员育人、全过程育人。

(2)开展丰富多彩的文艺、社团、科技活动和社会调查、社会实践等。

(3)每年开展一次校企技能比武和联谊等活动,获奖比例不少于15%。

(4)开展企业文化进校园、进系部、进专业、进课堂活动,将优秀的企业文化与校园文化有机融合,形成职业氛围浓郁、积极向上的校园文化氛围。

3.3.4 学籍管理

主要内容:学籍管理。

质量要求:

(1)学院学籍管理制度健全。

(2)入学、学年、学历注册规范。

(3)学生入学、留级、休学、复学、退学、转学、转专业管理规范。

3.3.5 体育与健康

主要内容:体育与健康、心理健康。

质量要求:

(1)开展多样化的体育锻炼活动,培养学生自我锻炼的习惯;实施《学生体质健康标准》测试。

(2)开展心理健康教育和心理咨询,建立心理健康档案。

4 评价与监控

4.1 监控

4.1.1 质量目标和管理职责监控

主要内容:质量目标和管理运行是否满足职业成长需要。

质量要求:对人才培养质量监控保障体系质量目标和管理运行是否满足人才培养需要进行监控、评价。

4.1.2 资源管理监控

主要内容:资源是否满足职业成长需要。

质量要求:对学院资源建设与管理情况进行监控、评价。

4.1.3 过程管理监控

主要内容:人才培养过程和教学质量评价。

质量要求:对学院人才培养过程和教学质量监控、评价。

4.1.4 不合格控制与毕业资格审查

主要内容:不合格控制。

质量要求:

(1)按学院学生降留级、学生违纪处理的规定对不合格进行控制。

(2)成绩预警通报及时,并采取措施,保障毕业生质量。

4.2 分析与评价

4.2.1 学业成绩分析

主要内容:学业成绩分析。

质量要求:

(1)课程考核合格率、考证合格率、体质健康达标率、毕业生双证获取率公布及时,按专业、班级进行分析。

(2)毕业生职业技能获证率达98%,毕业生双证获取率达98%。

4.2.2 就业率与就业质量

主要内容:就业质量分析、优秀毕业生成长案例。

质量要求:

(1)开展毕业生就业率、就业质量调查工作,对毕业生就业率、签约率、就业对口率、起薪线等主要指标进行分析。

(2)收集优秀毕业生成长案例并进行有效宣传毕业生就业率、签约率、就业对口率、起薪线高于全省同类院校的水平,具有一定数量的优秀毕业生成长案例。

4.2.3 毕业生创业与成效

主要内容:毕业生创业教育及创业成效。

质量要求:

(1)经常开展毕业生创业教育。

(2)收集毕业生创业案例并进行成效分析。

4.2.4 毕业生社会满意度

主要内容:毕业生企业满意度。

质量要求:开展毕业生满意度调查、分析,客观评价企业对毕业生满意度。

4.3 管理评审

主要内容:人才培养质量监控保障体系定期评审。

质量要求:对部门评审、对体系运行情况管理评审,撰写管理评审报告,及时反馈,持续改进。

4.4 教育教学评价

主要内容:专业评估、专项评估。

质量要求:开展专业评估和专项评估。

4.5 反馈与改进

4.5.1 制订预防纠正措施

主要内容:制订预防纠正措施。

质量要求:依据管理评审、专业评估、专项评估,制订预防、纠偏、改进措施。

4.5.2 持续改进

主要内容:持续改进。

质量要求:按照预防、纠偏、改进措施实施改进。

学生人才培养质量监控保障指标体系见表6。

学生人才培养质量监控保障体系指标 表6

主要方面	一级指标（关键因素）	二级指标（关键环节）	质量控制点	监控评价方式
1 质量目标和管理职责	1.1 办学定位和建设思路	1.1.1 办学定位和建设思路	1.办学定位和建设思路	定期监控,教育教学评价
	1.2 质量目标	1.2.1 指导思想	2.质量方针	定期监控,教育教学评价
		1.2.2 人才培养质量目标	3.质量目标	定期监控,教育教学评价
	1.3 专业设置	1.3.1 专业设置	4.专业设置	定期监控,教育教学评价
2 资源管理	2.1 人力资源管理	2.1.1 师资队伍建设管理	5.师资队伍	实时监控,管理评审,教育教学评价
	2.2 教学经费管理	2.2.1 经费投入和使用	6.教学经费 7.学生奖、助经费 8.就业经费	实时监控,管理评审
	2.3 设施建设与管理	2.3.1 设施建设与管理	9.设施建设及利用	实时监控,管理评审,教育教学评价
	2.4 教学基本建设与管理	2.4.1 专业建设管理	10.专业建设	实时监控,管理评审,教育教学评价
		2.4.2 课程建设管理	11.课程建设 12.教学资源	实时监控,管理评审,教育教学评价
		2.4.3 教材建设管理	13.教材建设	实时监控,管理评审,教育教学评价
		2.4.4 实践教学建设管理	14.实践教学体系 15.条件及利用 16.社会实践	实时监控,管理评审,教育教学评价
		2.4.5 校企合作建设管理	17.校企合作	实时监控,管理评审,教育教学评价
	2.5 教学改革与研究	2.5.1 教学改革与研究	18.教学改革与研究	实时监控,教育教学评价
	2.6 社会服务建设与管理	2.6.1 技术服务与推广	19.技术服务	实时监控,管理评审,教育教学评价
		2.6.2 交流与合作	20.交流与合作	实时监控,管理评审,教育教学评价

续上表

主要方面	一级指标（关键因素）	二级指标（关键环节）	质量控制点	监控评价方式
3 过程管理	3.1 人才培养方案	3.1.1 人才培养方案	21. 人才培养方案	实时监控，管理评审，教育教学评价
	3.2 招生与就业	3.2.1 招生计划	22. 招生计划	实时监控，管理评审，教育教学评价
		3.2.2 就业指导与创业教育	23. 就业与创业教育	实时监控，管理评审，教育教学评价
	3.3 人才培养过程	3.3.1 教学管理	24. 教学运行	实时监控，管理评审，教育教学评价
		3.3.2 思想政治和学生工作	25. 思想政治教育 26. 国防教育 27. 安全教育 28. 学生日常管理 29. 学生保险	实时监控，管理评审，教育教学评价
		3.3.3 素质拓展与校园文化建设	30. 全员育人 31. 素质拓展 32. 竞赛奖励 33. 校园文化	实时监控，管理评审，教育教学评价
		3.3.4 学籍管理	34. 学籍管理	实时监控，管理评审
		3.3.5 体育与健康	35. 体育与健康 36. 心理健康	实时监控，教育教学评价
4 评价与监控	4.1 监控	4.1.1 质量目标和管理职责监控	37. 质量目标和管理运行是否满足职业成长需要	实时监控，管理评审
		4.1.2 资源管理监控	38. 资源是否满足职业成长需要	实时监控，管理评审
		4.1.3 过程管理监控	39. 人才培养过程和教学质量评价	实时监控，管理评审
		4.1.4 不合格控制与毕业资格审查	40. 不合格控制	实时监控，管理评审

续上表

主要方面	一级指标（关键因素）	二级指标（关键环节）	质量控制点	监控评价方式
4 评价与监控	4.2 分析与评价	4.2.1 学业成绩分析	41.学业成绩分析	实时监控，管理评审
		4.2.2 就业率与就业质量	42.就业质量分析 43.优秀毕业生成长案例	实时监控，管理评审
		4.2.3 毕业生创业与成效	44.毕业生创业教育及创业成效	实时监控，管理评审
		4.2.4 毕业生社会满意度	45.毕业生企业满意度	实时监控，管理评审
	4.3 管理评审	4.3.1 评审管理体系	46.人才培养质量监控保障体系定期评审	定期监控
	4.4 教育教学评价	4.4.1 专业评估、专项评估	47.专业评估 48.专项评估	定期监控
	4.5 反馈与改进	4.5.1 制订预防纠正措施	49.制订纠正、预防措施	实时监控，实时反馈
		4.5.2 持续改进	50.持续改进	实时监控，持续改进

二、学生人才培养质量监控保障体系框架及流程

学生人才培养质量监控保障体系流程包括质量目标和管理职责、资源管理、过程管理、评价与反馈。通过对学院质量目标和管理职责、资源管理、过程管理、评价与反馈，将人才培养质量所涉及的若干关键因素和关键环节进行监控与评价，使人才培养质量监控保障工作中的各个工作环节得以持续、闭合、循环运行。一方面实现全过程评价分析，另一方面实现评价主体的多元化。

(1)学生对学院办学定位、办学思路、专业人才培养指导思想和质量目标、专业设置、学院各部门管理职责和权限质量目标和管理职责进行实时、定点、定期监控、评价。

(2)学生对学院各专业师资队伍建设情况、教学活动经费、设施建设与管理、教学基本建设管理、教学改革与研究、社会服务能力方面的资源管理进行实时、定点、定期监控评价，参与学院人才培养。

(3)学生对学院人才培养方案设施、招生与就业服务、思想政治教育、国防教育、安全教育、全员育人、实践育人、校园文化建设、课堂教学过程的质量效果、实践教学过程质量、体育与健康质量等过程管理进行实时、定点、定期监控、评价。

(4)学生对学院质量目标和管理职责、资源管理、过程管理、不合格控制、分析与评价、管理评审、教育教学评价、反馈与改进评价与反馈进行实时、定点、定期监控评价。

(5)通过学生对学院质量目标和管理职责、资源管理、过程管理、评价与反馈，推进学院人才培养质量监控保障体系持续改进，人才培养质量不断提高。

学生人才培养质量监控保障体系框架及流程如图20所示。

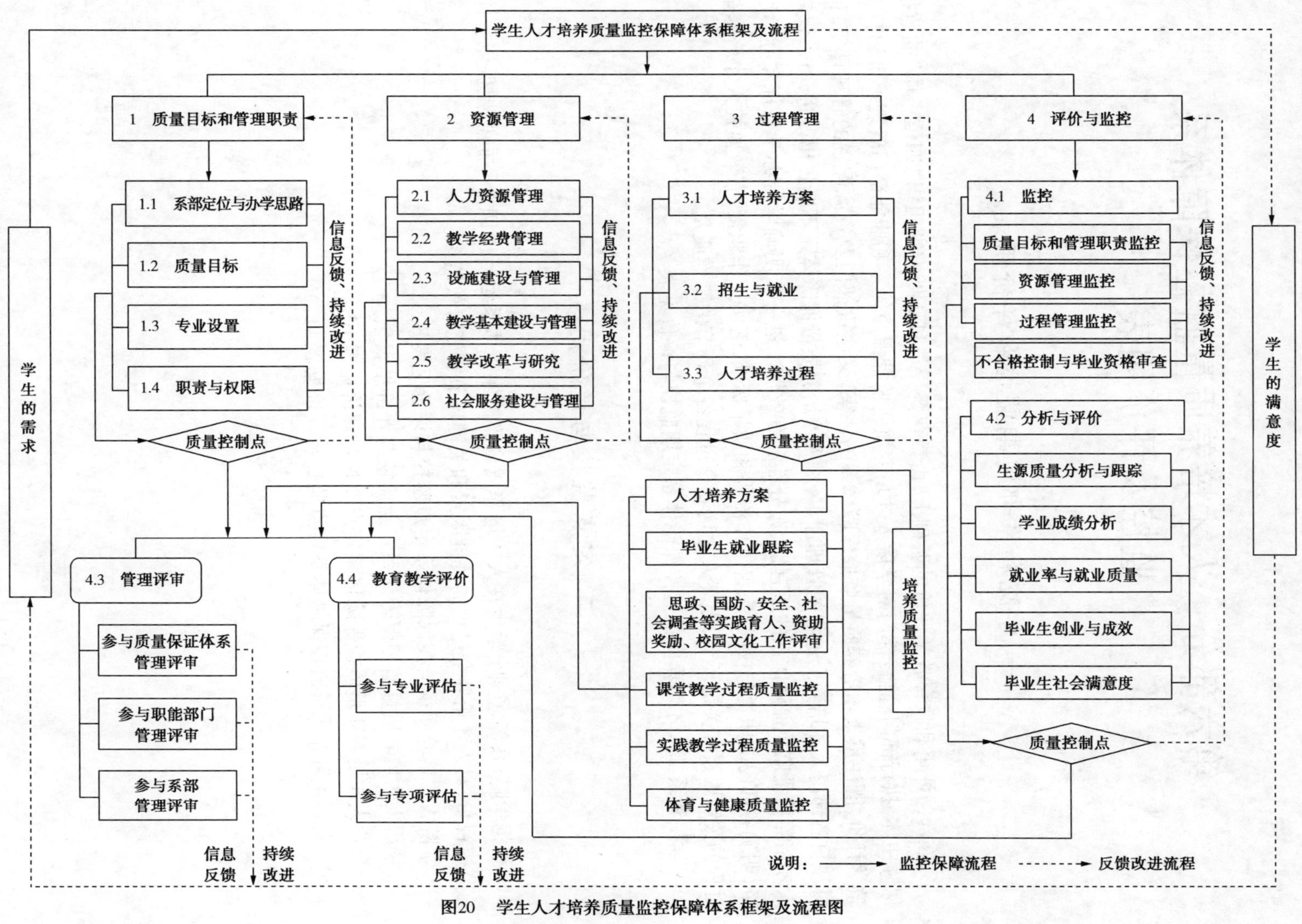

图20 学生人才培养质量监控保障体系框架及流程图

第六部分 人才培养质量监控保障体系监控及评价用表

一、学院和系部定期监控和评价用表

在部门评审和教育教学评价的基础上，由教育督导与科研处定期组织“四位一体”的监控保障主体、执行部门、监督部门对学院人才培养质量监控保障体系和职能部门管理评审和教育教学评价，既注重人才培养质量监控保障体系的评审，又注重部门及资源配置的管理评审，同时注重各部门人才培养全过程的管理评审，对人才培养质量保障体系不断提出改进建议，保障人才培养质量监控保障体系的适宜性、充分性和有效性。进一步明确学院办学目标和办学思路，明确各部门的职责与权限，完善工作流程和质量标准，落实工作职责，有效监控人才培养全过程的关键因素和关键环节，提高人才培养全过程各个环节的工作质量。

学院和系部人才培养质量监控保障体系定期监控与评价见表7。

二、定点监控与评价用表

根据学院、系部、企业、学生在人才培养质量监控保障体系运行中四个不同监控保障主体的监控视角，对人才培养全过程的关键因素和关键环节实施有效监控。

学院人才培养质量监控保障体系定点监控与评价见表8。

系部人才培养质量监控保障体系定点监控与评价见表9。

企业人才培养质量监控保障体系定点监控与评价见表10。

学生人才培养质量监控保障体系定点监控与评价见表11。

表7

学院和系部人才培养质量监控保障体系定期监控与评价

主要方面	项目执行				执行检查（√或×）				项目监控		监控评价（√或×）			
	执行项目名称		执行人或单位	执行内容	P	D	C	A	监控人或单位	监控内容和要点	P	D	C	A
1 质量目标和管理职责	1.1 办学定位和建设思路	1.1.1 办学定位和建议思路	院长办公室、党委办公室、计划财务处	制订办学定位和办学思路；制订相应的政策措施；保障相应的“人、财、物”的投入					监控保障主体、教育督导与科研处	质量目标和管理职责是否满足人才培养需求				
			教务委员会	确定办学定位和办学思路；保障相应的“人、财、物”的投入										
	1.2 质量目标	1.2.1 指导思想	各部门	制订指导思想					监控保障主体、教育督导与科研处	质量目标和管理职责是否满足人才培养需求				
			教务委员会	确定指导思想										
		1.2.2 人才培养质量目标	党委办公室、院长办公室、计划财务处人事处、教务处、招生就业指导中心、学生工作处、后勤管理处、各系部	围绕行业和区域经济需求，制订人才培养质量目标、保障所需经费到位					监控保障主体、教育督导与科研处	质量目标和管理职责是否满足人才培养需求				
	1.3 专业设置	1.3.1 专业设置	教务处	制订专业设置规划；制订专业结构调整方案、办法，新专业设置的审批与申报					监控保障主体、教育督导与科研处	质量目标和管理职责是否满足人才培养需求				
			教务委员会	专业设置审定										
	1.4 职责与权限	1.4.1 职责与权限	各部门	召开各机构的沟通会议，落实校企合作运行机制					监控保障主体、教育督导与科研处	质量目标和管理职责是否满足人才培养需求				
			教务委员会	明确职责、权限										
2 资源管理	2.1 人力资源管理	2.1.1 师资队伍建设管理	人事劳资处	制订专兼结合的师资队伍建设规划；负责教师资格认定及考核工作；负责教师职称评审推荐、定岗及评聘工作					教育督导与科研处、教务处、各系部	双师结构教师团队是否满足校企合作、工学结合、德能并重人才培养模式实施需要；保证人才培养质量				
			教务处	制订教师教学能力提升计划；制订教师工作业绩考核办法；制订教师教学奖惩制度					教育督导与科研处、教务处	师资队伍是否保证人才培养质量需求				
			各系部	落实师资队伍建设规划，做好教师工作管理和兼职教师聘用										

续上表

主要方面	项目执行				执行检查（√或×）				项目监控		监控评价（√或×）			
	执行项目名称		执行人或单位	执行内容	P	D	C	A	监控人或单位	监控内容和要点	P	D	C	A
2 资源管理	2.2 教学经费管理	2.2.1 经费投入和使用	计划财务处、工会、监察处	公布每年二级预算投入与使用、生均经费增长情况；学生奖、助、补、贷、勤、免经费投入与使用；招生就业、教学改革及研究、师资建设、图书购置等经费投入与使用					监控保障主体、教育督导与科研处	实验实习/社会实践、体育维持费、教学仪器设备维修费、实验耗材费、教学差旅费、教改经费是否满足教学需求				
			各部门	提交部门教学经费使用情况表										
			各系部	提交本系部预算及执行情况										
	2.3 设施建设与管理	2.3.1 设施建设与管理	后勤管理处	制订教室、实训室、实训基地、宿舍、图书馆等设施建设规划及维修计划并实施					后勤管理处、计划财务处、教育督导与科研处、教务处、图书馆、网络信息中心、各系部	现有教室、实训室、计算机房、多媒体教室、图书、数字化校园及体育设施是否满足教学需求				
			教务处、各系部	制订实训室、实训基地、图书馆等设施建设计划并实施										
			计划财务处	保障教学设施建设与维护资金及时到位										
			教务处、图书馆、网络信息中心	保障实训设施、计算机房、数字化校园、多媒体教室、图书馆等正常运行										
			基础部	制订体育设施建设规划，保障设施正常运行										
	2.4 教学基本建设与管理	2.4.1 专业建设管理	教务处	制订学院专业建设规划并对专业建设进行管理					教育督导与科研处、教务处、计划财务处、各系部	检查专业建设规划的落实情况；对专业建设效果并评价				
			各系部	明确专业定位与特色，实施专业建设										
			计划财务处	保障所需经费										
		2.4.2 课程建设管理	教务处	制订课程建设规划；制订课程及教学资源建设标准、优质核心课程、精品课程评价标准及实施措施和政策					教务处、各系部、计划财务处	检查课程建设规划的落实情况；对课程、教学资源建设效果并评价				
			各系部	具体实施课程和教学资源建设										
			计划财务处	保障所需经费										
		2.4.3 教材建设管理	教务处	制订教材建设规划；建立工学结合教材编写、选用制度；做好教材供应工作					教务处、各系部、计划财务处	检查教材建设规划的落实情况；对教材选用与建设等效果并评价				
			各系部	具体实施教材建设										
			计划财务处	保障所需经费										

续上表

主要方面	项目执行				执行检查（√或×）				项目监控		监控评价（√或×）			
	执行项目名称		执行人或单位	执行内容	P	D	C	A	监控人或单位	监控内容和要点	P	D	C	A
2 资源管理	2.4 教学基本建设与管理	2.4.4 实践教学建设管理	教务处、实训基地管理处	制订实践教学建设规划及相应制度					教育督导与科研处、教务处、实训基地管理处、各系部、计划财务处	检查校内外实习和实训基地的质量并评价				
			各系部	做好实践教学建设计划并具体实施										
			计划财务处	保障所需经费										
		2.4.5 校企合作建设管理	教务处、实训基地管理处	制订校企合作建设规划及相应制度					教育督导与科研处教务处、实训基地管理处、各系部、计划财务处	检查校企合作质量并评价				
			各系部、实训基地管理处	做好校企合作建设计划并具体实施										
			计划财务处	保障所需经费										
	2.5 教学改革与研究	2.5.1 教学改革与研究	教育督导与科研处、教务处	组织开展教学改革与研究、科研项目的立项与评审工作					教育督导与科研处、教务处、各部门、计划财务处	教学改革与研究项目进行检查和验收，并对使用效果进行评价				
			各部门	实施教学改革与研究										
			计划财务处	保障所需经费										
	2.6 社会服务建设与管理	2.6.1 技术服务与推广	实训基地管理处、教务处	负责校内生产性实训基地和各系部技术服务、国内外合作与交流管理；制订技术服务、国内外合作与交流发展规划					教育督导与科研处、实训基地管理处、教务处、各系部、计划财务处	社会影响力、技术服务与推广、交流与合作效果进行评价				
			各生产性实训基地、各系部	实施社会服务和交流										
			计划财务处	保障所需经费										
		2.6.2 交流与合作	实训基地管理处、教务处	负责国内外合作与交流项目管理；制订国内外合作与交流发展规划					教育督导与科研处、实训基地管理处、教务处、各系部、计划财务处	社会影响力、技术服务与推广、交流与合作效果进行评价				
			实训基地管理处、各系部	合作与交流										
			计划财务处	保障所需经费										

续上表

主要方面	项目执行				执行检查（√或×）				项目监控		监控评价（√或×）			
	执行项目名称		执行人或单位	执行内容	P	D	C	A	监控人或单位	监控内容和要点	P	D	C	A
3 过程管理	3.1 人才培养方案	3.1.1 人才培养方案制订、审核	教务处	提出制订专业人才培养方案的指导意见，组织各专业人才培养方案制订					教务委员会	审核专业人才培养方案，定期检查人才培养方案是否适应学院和社会发展需求，提出修改意见				
			各系部	制订本系部专业人才培养方案										
	3.2 招生与就业	3.2.1 招生计划	招生就业指导中心	制订招生与就业计划，做好招生宣传、咨询、录取工作					监察处、学生工作处、医务室、招生就业指导中心	检查新生是否符合入学条件；毕业跟踪调查				
			监察处	监督招生与就业工作										
			各系部	制订本系部招生与就业计划，做好招生宣传咨询工作，做好就业与创业指导、推荐工作										
		3.2.2 就业指导与创业教育	招生就业指导中心、各系部	做好就业与创业指导、推荐工作					教育督导与科研处、教务处、各系部	就业指导与创业教育计划和开展情况				
	3.3 人才培养过程	3.3.1 教学运行管理	教务处、各系部	制订校企合作、校企教学管理制度，开展校企合作及日常教学活动管理					教育督导与科研处、教务处、各系部	检查各系部执行情况检查；组织院领导、督导组、企业专家听课				
			教务处、各系部	实施校企合作及课堂教学					教育督导与科研处、教务处、各系部	检查课堂教学质量，组织督导组、企业专家听课				
			教务处、各系部	实施校企合作及实践教学					教育督导与科研处、教务处、各系部	检查顶岗实习、社会实践、实训教学等环节质量				
			教务处、各系部	组织实施考试、考核、职业技能考证					教育督导与科研处、教务处、各系部	对全院考试、考核、考证情况				
			教务处、各系部	组织实施毕业设计与答辩					教育督导与科研处、教务处、各系部	检查毕业设计（论文）、答辩质量				

续上表

主要方面	项目执行				执行检查（√或×）				项目监控		监控评价（√或×）			
	执行项目名称		执行人或单位	执行内容	P	D	C	A	监控人或单位	监控内容和要点	P	D	C	A
3 过程管理	3.3 人才培养过程	3.3.2 思想政治和学生工作	党委办公室、学生工作处、教务处、各系部、团委、后勤处、保卫处	制订全员育人措施，组织开展思想政治、国防、安全教育、社会调查与实践等育人活动；开展奖、助、补、贷、勤、免及学生保险工作；制订就业与创业教育方案，推进校园文化建设，营造良好校园文化氛围					学生工作处、教务处、教育督导与科研处、党委办公室、各系部、团委、保卫处	检查各系部执行情况，并对思想政治和学生工作效果进行评价				
		3.3.3 素质拓展与校园文化建设	教务处、学生工作处、团委、各系部	组织开展思想政治、国防、安全教育、社会调查与实践等育人活动；开展奖、助、补、贷、勤、免工作；开展就业与创业教育，推进校园文化建设，营造良好校园文化氛围					教务处、学生工作处、教育督导与科研处、团委、各系部	检查各系部执行情况，并对素质拓展与校园文化建设效果进行评价				
		3.3.4 学籍管理	教务处	学生学籍管理					教务处	检查学籍管理是否规范				
		3.3.5 体育与健康	基础部、学生工作处	制订学生体育锻炼和心理健康教育计划，组织体育教学和课外体育活动及心理健康辅导					教育督导与科研处、学生工作处	检查体育教学和心理健康辅导等工作是否合格				
	3.4 教学文件档案管理	3.4.1 教学文件档案管理	院长办公室、教务处	制订全院教学文件归档要求和规定；做好全院教学文件归档工作					教务处	检查教学文件档案是否齐全、规范				
			各系部	做好各系部教学成果、试卷、毕业设计、毕业论文等教学文件资料的归档工作										
4 评价与监控	4.1 监控	4.1.1 质量目标和管理职责监控	监控保障主体、各部门	对办学定位、办学思路、专业设置和职能部门评审进行检查					教育督导与科研处、监控保障主体	对学院质量目标和管理运行是否满足人才培养需要进行分析与评价				
		4.1.2 资源管理监控	监控保障主体、各部门	对师资队伍、办学经费管理、专业、课程、资源、实训条件、教学改革和研究、校企合作、社会服务等进行检查					教育督导与科研处、监控保障主体	对学院资源是否满足人才培养需要进行分析和评价				

续上表

主要方面	执行项目名称		执行人或单位	执行内容	执行检查（√或×）P	D	C	A	监控人或单位	监控内容和要点	监控评价（√或×）P	D	C	A
4 评价与监控	4.1 监控	4.1.3 过程管理监控	监控保障主体、各部门	学院教务委员会成员和学生代表对人才培养过程进行检查					教育督导与科研处、监控保障主体	汇总各系部人才培养和职能部门管理评审报告；对全院人才培养过程和育人质量进行分析和评价				
		4.1.4 不合格控制与毕业资格审查	学生工作处、各系部	制订学生违纪处理办法；负责对违纪学生处理					学生工作处、各系部	对违纪学生处理				
			教务处	建立成绩预警机制，对课程补考及学生降留级的审核					教务处	学生降留级的审核				
			教务处	对毕业生资格进行审查					教务处	毕业生资格审查				
	4.2 分析与评价	4.2.1 生源质量分析	招生就业指导中心	制订生源质量分析指标；汇总各系部分析结果					招生就业指导中心、各系部	生源质量分析与评价				
			各系部	对本系部学生进行会考、高考成绩、中学获奖情况、进校后发展分析与评价										
		4.2.2 学业成绩分析	教务处	制订课程考核方案；汇总各系部分析结果					教务处、各系部	学业成绩分析与评价				
			各系部	对本系部开课教师课程考核结果进行分析										
		4.2.3 就业率与就业质量	招生就业指导中心	制订毕业生就业率与就业质量分析指标；汇总各系部分析结果					监控保障主体、各系部	就业率与就业质量分析与评价				
			各系部	就业工作措施与效果；应届毕业生年底就业率、就业质量分析预评价										
		4.2.4 毕业生创业与成效	招生就业指导中心	制订毕业生创业成效分析指标；汇总各系部分析结果					监控保障主体、各系部	就业率与就业质量分析与评价				
			各系部	对本系部毕业班学生创业及成效分析										
		4.2.5 毕业生社会满意度	招生就业指导中心	制订毕业生创业成效分析指标；汇总各系部分析结果					监控保障主体、各系部	毕业生社会满意度分析与评价				
			各系部	对本系部毕业生进行社会满意度调查分析与评价										

续上表

主要方面	项目执行				执行检查（√或×）				项目监控		监控评价（√或×）			
	执行项目名称		执行人或单位	执行内容	P	D	C	A	监控人或单位	监控内容和要点	P	D	C	A
4 评价与监控	4.3 管理评审	4.3.1 学院领导评审管理体系	教务委员会	对质量监控与保障体系的管理评审；职能部门的管理评审；对系部的管理评审					教育督导与科研处	组织对质量监控与保障体系的管理评审；组织职能部门的管理评审；组织对系部的管理评审				
	4.4 教育教学评价	4.4.1 专业评估、专项评估	教务委员会	专业评估，专项评估					教务处、教育督导与科研处	专业评估、专项评估				
	4.5 反馈与改进	4.5.1 制订预防纠正措施	教务委员会、各部门	根据管理评审和教育教学评价，制订预防纠正措施					教育督导与科研处、各部门	根据各系部、各职能部门定期实施监控和管理评审、教育教学评价信息，制订人才培养质量监控保障体系纠正和改进措施，持续改进				
		4.5.2 持续改进	各部门	持续改进					教育督导与科研处、各部门	制订预防、纠正和改进措施，持续改进				

学院人才培养质量监控保障体系定点监控与评价

表 8

主要方面	一级指标（关键因素）	二级指标（关键环节）	质量控制点	质量要求	评价结果 A	B	C	D
1 质量目标和管理职责	1.1 办学定位和建设思路	1.1.1 办学定位和建设思路	1. 办学定位 2. 建设思路	1. 立足行业、面向社会，培养适应交通建设和经济社会发展需要的生产、建设、服务、管理一线高端技能型人才； 2. 坚持以服务为宗旨，以就业为导向，以质量求生存，以特色求发展，走产学研结合的发展之路				
	1.2 质量目标	1.2.1 指导思想	3. 质量方针	以提高质量为核心，注重内涵发展，不断深化高等职业教育改革，全面提高人才培养质量，培养德智体美全面发展的中国特色社会主义事业建设者和接班人				
		1.2.2 质量目标	4. 质量目标	把行业企业、学生需求和满意度作为衡量人才培养质量的标准，培养综合素质高、业务能力强、发展潜力足、受社会欢迎的高端技能型人才，为行业企业和区域经济发展提供人才支撑和智力支持				
	1.3 专业设置	1.3.1 专业设置	5. 专业设置	1. 按照“市场有需求、办学有条件、质量有保障、就业有出路”的原则设置专业； 2. 紧盯行业企业和区域经济发展，稳定长线专业、发展强势专业、打造品牌专业、淘汰弱势专业、开发新兴专业，形成结构合理、特色鲜明的专业布局				
	1.4 职责与权限	1.4.1 职责与权限	6. 职责、权限及工作流程	1. 明确各部门职责与权限，细化岗位职责，规范工作流程； 2. 建立、完善部门规章制度，建立沟通机制，加强部门之间沟通与交流				
2 资源管理	2.1 人力资源管理	2.1.1 师资队伍建设与管理	7. 师资队伍规划	1. 制订教师队伍建设规划； 2. 建立激励机制，制订相关措施，落实师资队伍建设规划				
			8. 教师资格认定与评聘	1. 完善教师资认定及评聘管理办法； 2. 教师职称评聘及定岗工作按时开展情况				
			9. 师资队伍建设	1. 制订教师轮训计划，实现教师到企业顶岗锻炼，两学年内累计不少于两个月； 2. 师生比达到 1:18 ~ 1:22，其中专任教师师生比 1:21 ~ 1:32； 3. 专业教师中双师素质比例达到 90%； 4. 聘请行业企业技术骨干与能工巧匠到学院担任兼职教师，承担专业课学时比例达 50%； 5. 具有研究生学位教师占专任教师的比例达 15%，具有高级专业技术职务教师占专任教师的比例达 20%； 6. 辅导员与学生比例按 1:200 配备				
			10. 教师业绩考核	1. 加强师德师风建设； 2. 完善教师工作业绩考核办法，对教师教学工作业绩考核				

续上表

主要方面	一级指标（关键因素）	二级指标（关键环节）	质量控制点	质量要求	评价结果			
					A	B	C	D
2 资源管理	2.2 教学经费管理	2.2.1 经费投入和使用	11. 教学经费	1. 不断完善二级预算和日常教学经费管理，保障教学经费投入； 2. 生均经费投入同比增长； 3. 师资队伍建设、教学改革研究、教学业务、图书等项目经费投入满足需求； 4. 管理制度健全、使用程序合理、公开透明，无违规违法使用经费				
			12. 学生奖、助经费	1. 做好国家奖、助、补、贷、免工作，保障国家投资金使用公平、公开、公正； 2. 做好学院奖、助、补、贷、勤、免经费预算，保障按国家要求投入，经费使用合理、公开透明				
			13. 招生就业经费	1. 做好二级预算中招生就业经费使用与管理，保障投入经费使用合理、公开透明； 2. 按年度进行二级预算招生就业经费使用分析				
	2.3 设施建设与管理	2.3.1 设施建设与管理	14. 设施建设及利用	1. 制订设施建设、维修管理办法及流程，保障设施建设及利用； 2. 教室、教学科研仪器设备、图书馆、宿舍、教学用计算机、多媒体教室和实验实训室、实训中心、体育设施、数字化校园等硬件和软件条件满足教学需求，符合教育部基本办学条件合格标准和监测办学条件指标要求（生均教学行政用房为16平方米/生，生均占地面积59平方米/生，生均宿舍面积6.5平方米/生，生均教学科研仪器设备值4000元/生，生均图书60册/生，百名学生配教学用计算机8台，百名学生配多媒体教室和语音实验室座位7个，新增教学科研仪器设备所占比为10%，生均年进书量2册）				
	2.4 教学基本建设与管理	2.4.1 专业建设与管理	15. 专业规划与建设	1. 制订专业建设规划，有序开展建设； 2. 专业定位准确，专业特色鲜明，校企共同打造品牌专业； 3. 制订专业建设管理办法，规范专业建设； 4. 教学团队结构合理，满足教学需求； 5. 探索建立“校中厂”、“厂中校”实习实训基地；实训基地建设能满足60%以上学生半年顶岗实习、实训需要，基地就业学生不少于实习学生的40%； 6. 建立质量工程项目管理制度，开展质量工程建设				

续上表

主要方面	一级指标（关键因素）	二级指标（关键环节）	质量控制点	质量要求	评价结果 A	B	C	D
2 资源管理	2.4 教学基本建设与管理	2.4.2 课程建设与管理	16. 课程体系与课程定位	1. 制订课程建设管理办法，规范课程建设； 2. 课程定位准确、课程体系构建符合岗位需求，体现课、岗、证融通，满足项目载体、任务驱动教学				
			17. 课程标准、教学方法与手段	1. 建立突出职业能力培养的课程标准； 2. 创新教学形态，教学方法融“教、学、做”一体				
			18. 教学资源	完善优质核心课程、精品课程建设管理办法，有效利用网络平台，实现优质教学资源共享，教师利用率达100%，学生利用率达90%以上				
		2.4.3 教材建设与管理	19. 教材建设规划	制订教材建设规划和教材建设管理办法；与行业企业共同开发紧密结合生产实际工学结合特色教材				
			20. 开发与使用	1. 完善教材供应办法，课程选用近5年内出版的教材，其中近3年出版（或自编）教材的比例≥80%； 2. 重点建设专业工学结合特色建材的使用率要达30%，教材供应及时				
		2.4.4 实践教学管理	21. 实践教学体系	1. 实践教学体系符合人才培养的要求，实践教学学时占总学时50%以上； 2. 实践按教学内容与实际生产过程相一致				
			22. 条件及利用	1. 进行实习、实训室内涵建设； 2. 60%的实训室建设与行业标准、生产现场一致，建设集教学、培训、技能鉴定、生产和科技服务为一体的共享型校内实训中心； 3. 校内生产性实训平均比例达60%，开出率达到90%以上； 4. 设备使用率达98%，设备完好率达98%以上				
			23. 社会实践	1. 完善实习管理办法，制订社会调查、社会实践管理办法，加强学生的生产实习和社会实践管理； 2. 学生企业顶岗实习时间半年以上				

续上表

主要方面	一级指标（关键因素）	二级指标（关键环节）	质量控制点	质量要求	评价结果 A	B	C	D
2 资源管理	2.4 教学基本建设与管理	2.4.5 校企合作建设管理	24. 合作项目	制订校企合作项目建设规划及项目建设管理办法，并对校企合作项目实行严格规划和管理，校企合作项目符合人才培养和生产育人的要求				
			25. 运行效果	按照"人才共育、过程共管、成果共享、责任共担"的原则，建立校企合作机制，保障校企合作有效运行				
			26. 捐赠	制订捐赠管理办法，对企业的捐赠，包括资金、图书、设备、软件等实行严格管理，使用合理、公开透明				
	2.5 教学改革与研究	2.5.1 教学改革与研究	27. 教学改革与研究	1. 结合学院实际在行业企业参与下深化教学改革，完善教学研究项目管理办法，围绕教学内容、课程体系、教学方法、教学手段等方面开展教育教学研究； 2. 完善科研项目管理办理办法，做到项目立项评审规范，进行中期检查和验收，按进度保质保量完成各项目研究内容； 3. 每学期开展的学术活动不少于 1 次； 4. 制订相关措施，鼓励教师积极承担国家、省、院级专业、实训基地、教学团队、课程等建设项目； 5. 各系部每年获得 2 项厅级以上的奖励，教师获得 4 项厅级以上的奖励，学生获得 4 项厅级以上的奖励				
	2.6 社会服务建设与管理	2.6.1 技术服务与推广	28. 技术服务项目管理	制订学院开展技术服务管理办法，围绕行业和区域经济发展需要，利用专业优势与资源优势，开展技能培训与鉴定、技术服务等各种社会服务活动，不断提升行业影响力				
			29. 收益管理	制订收益管理办法并严格执行				
		2.6.2 交流与合作	30. 交流与合作	1. 制订交流与合作管理办法； 2. 系部每学年开展 1 次以上的交流与合作活动，合作项目 3 个以上				
3 过程管理	3.1 人才培养方案	3.1.1 人才培养方案制订、审核	31. 人才培养方案制订	1. 依据教育部职业教育改革精神，制订人才培养方案制订指导意见并严格执行； 2. 人才培养方案体现"校企合作、工学结合"，理论教学体系、实践教学体系、综合素质体系有机融合				
			32. 人才培养方案审核	制订人才培养方案编制与审核流程，组织人才培养方案审核、确定				

续上表

主要方面	一级指标（关键因素）	二级指标（关键环节）	质量控制点	质量要求	评价结果			
					A	B	C	D
3 过程管理	3.2 招生与就业	3.2.1 招生计划	33. 招生计划	1. 以社会、企业对人才的需求及学院资源为制订招生计划依据，达到规模、结构、质量、效益协调发展； 2. 多形式、多手段、多层面开展招生宣传工作； 3. 制订招生录取流程并严格执行				
		3.2.2 就业指导与创业教育	34. 就业与创业	1. 制订创业与就业教育计划，开展创业与就业教育，激发学生的创业热情，引导学生树立科学的创业观、就业观、成才观，鼓励毕业生灵活就业，积极创业； 2. 就业与创业教育课程纳入课程体系； 3. 走访合作企业、就业地基不少于60%，为毕业生提供就业岗位数/毕业生总数≥2				
	3.3 人才培养过程	3.3.1 教学运行管理	35. 实时检查	1. 完善教学运行管理制度，保障教学有序运行； 2. 通过开学初、期中及不定期随机抽查等形式对日常教学情况进行检查； 3. 通过日常听课、设立学生信息员、召开学生座谈会等方式加强教学管理和教学检查； 4. 每学期人均调课不超过3次，每学期分别召开2次以上教学、学生工作会议，学院复查教师工作业绩考核准确率80%以上； 5. 完善成绩管理办法，严格成绩管理； 6. 完善师德师风建设计划，开展师德师风建设				
			36. 定点检查	加强教育教学管理，落实院系二级管理办法，按照教学运行过程的质量监控点实时进行点对点的监控				
			37. 定期检查	定期开展管理评审和教育教学评价，达到自我完善、自我激励和自我提高的目的				
		3.3.2 思想政治和学生工作	38. 思想政治教育	1. 制订爱国主义、感恩诚信等教育计划，开展爱国主义、感恩诚信教育； 2. 制订社会实践计划，组织开展社会调查和实践活动，撰写调查报告； 3. 制订学生党员培养流程，规范入党积极分子培养和发展党员				
			39. 国防教育	1. 制订国防教育实施方案并严格执行； 2. 新生国防教育不少于两周				
			40. 安全教育	1. 制订学生安全应急预案，并对预案每学年进行推演； 2. 对学生进行安全、法制教育每年不少于2次				

续上表

主要方面	一级指标（关键因素）	二级指标（关键环节）	质量控制点	质量要求	评价结果			
					A	B	C	D
3 过程管理	3.3 人才培养过程	3.3.2 思想政治和学生工作	41. 学生管理	1. 完善学生管理制度，将职业道德教育、思想政治教育渗透到教学工作各个环节； 2. 完善学风、考风建设计划，学生出勤率达95%以上（含请假）； 3. 学生对辅导员工作测评满意率90%以上； 4. 每学年专题研究学生招生工作不少于6次； 5. 加强学生管理，落实院系二级管理办法，按照学生工作的质量监控点实时进行点对点的监控				
			42. 学生奖、助工作	1. 制订学院奖、助、补、贷、勤、免评定、发放办法、流程，经费使用、公开、公正、公平； 2. 制订国家奖、助、补、贷、勤、免评定、发放办法、流程经费使用、公开、公正、公平； 3. 学生奖学金受奖面达学生人数25%（学院级）				
			43. 保险	按照国家相关规定，切实保证学生利益，校方责任保险、实习责任保险、医疗保险的学生覆盖面达100%				
		3.3.3 素质拓展与校园文化建设	44. 全员育人	1. 制订实践育人实施方案； 2. 组织开展实践育人活动，提高学生综合素质				
			45. 素质拓展	1. 制订实践育人实施方案； 2. 开展社团、科技、文艺活动和社会调查、社会实践等育人活动； 3. 每年开展一次校企技能比武和联谊活动				
			46. 校园文化	1. 制订校园文化建设计划并采取有效手段落实； 2. 将优秀的企业文化与校园文化有机融合，逐步形成职业氛围浓郁、积极向上的校园文化				
		3.3.4 学籍管理	47. 日常管理	1. 完善学籍管理办法，严格入学注册、学年注册、学历注册和降留级制度； 2. 完善毕业资格审查管理办法，毕业资格进行动态管理				
			48. 异动管理	完善休学、复学、退学、转学、转专业、降留级流程，进行动态管理				

续上表

主要方面	一级指标（关键因素）	二级指标（关键环节）	质量控制点	质量要求	评价结果 A	B	C	D
3 过程管理	3.3 人才培养过程	3.3.5 体育与健康	49. 体育与健康	1. 制订体育与健康教育计划； 2. 制订体育锻炼活动管理办法； 3. 严格实施学生体质健康标准，学生体质健康测试合格率98%以上				
			50. 心理健康	1. 制订心理健康教育与心理咨询计划并严格执行； 2. 心理健康教育与心理咨询，每学年不少于2次				
	3.4 教学文件档案管理	3.4.1 教学文件档案管理	51. 教学文件档案管理	1. 完善教学文件归档管理办法； 2. 做好教学文件、教学成果、试卷、毕业设计、毕业论文等资料的归档工作； 3. 档案齐全、管理规范，流程清楚，归档及时； 4. 管理手段先进，便于查找				
4 评价与监控	4.1 监控	4.1.1 质量目标和管理职责监控	52. 质量目标和管理运行是否满足人才培养需要	1. 对各部门质量目标和管理职责进行监控与评价； 2. 对学院质量目标和管理管理职责进行监控评价				
		4.1.2 资源管理监控	53. 资源是否满足人才培养需要	1. 对各部门资源管理进行监控与评价； 2. 学院资源管理进行监控与评价				
		4.1.3 过程管理监控	54. 人才培养过程和教学质量评价	1. 对各部门人才培养过程管理评审和教学质量进行监控和评价； 2. 对学院人才培养过程和教学质量进行监控和评价				
		4.1.4 不合格控制与毕业资格审查	55. 补考、降留级、学生违纪处理	1. 建立成绩预警机制，完善补考和降留级制度，进行补考和降留级管理； 2. 完善学生违纪认定及处理办法，对违纪学生进行批评、教育、处理				
			56. 毕业生资格审查	完善毕业生资格审查制度，明确流程，严格进行毕业生资格审核				

续上表

主要方面	一级指标（关键因素）	二级指标（关键环节）	质量控制点	质量要求	评价结果 A	B	C	D
4 评价与监控	4.2 分析与评价	4.2.1 生源质量分析	57. 生源结构、入学成绩、家庭经济状况	1. 分析生源结构（如性别、年龄、民族、生源地等）； 2. 分析生源家庭经济状况（包括贫困生认定）； 3. 分析生源的入学成绩、获奖情况等				
		4.2.2 学业成绩分析	58. 学业成绩分析	1. 完善课程考核管理办法； 2. 进行课程考核统计分析，学生各门课程考核合格率不低于95%； 3. 进行考证统计分析，应届毕业生专业技能获证率达98%，毕业生双证获取率达98%； 4. 进行学生竞赛奖励统计分析，每学年至少组织一次以上专业技能竞赛活动； 5. 学生体质健康测试合格率达98%				
		4.2.3 就业率与就业质量	59. 就业质量分析	毕业生初次就业率97%，签约率达99%，就业对口率85%以上，起薪线高于全省平均水平10%以上				
			60. 毕业生成长案例	收集毕业生优秀毕业生成长典型案例，不低于毕业学生数1%				
		4.2.4 毕业生创业与成效	61. 毕业生创业教育及创业成效	1. 创业教育计划及执行情况； 2. 编制创业案例				
		4.2.5 毕业生社会满意度	62. 毕业生跟踪调查	1. 制订毕业生跟踪调查管理办法； 2. 半年以上毕业生跟踪调查不低于90%、一年以上毕业生跟踪调查不低于70%、两年以上毕业生跟踪调查不低于50%、三年以上毕业生跟踪调查不低于15%				
			63. 毕业生企业满意度分析	用人单位对毕业生综合评价的满意率达90%，优良率达40%				
	4.3 管理评审	4.3.1 管理评审	64. 人才培养质量监控保障体系评审	按计划对学院才培养质量监控保障体系进行评审				
			65. 部门管理评审	按计划对部门自评进行评审				
			66. 系部管理评审	1. 按计划对系部自评进行评审； 2. 依据评审结果撰写管理评审报告，制订预防、改进措施，持续改进				

续上表

主要方面	一级指标（关键因素）	二级指标（关键环节）	质量控制点	质量要求	评价结果			
					A	B	C	D
4 评价与监控	4.4 教育教学评价	4.4.1 专业评估、专项评估	67. 专业评估	1. 制订专业评估计划和评价办法； 2. 对系部专业评估报告进行评审； 3. 撰写管理评审报告，及时反馈，持续改进				
			68. 专项评估	1. 依据专项评估要求，制订工作方案； 2. 依据工作方案进行专项建设； 3. 对专项建设进行检查、评估； 4. 依据专项评估工作要求，撰写专项评估报告； 5. 按评估反馈意见，制订措施，实施整改				
	4.5 反馈与改进	4.5.1 制订预防纠正措施	69. 各部门制订纠正、预防措施	1. 依据管理评审反馈意见，制订预防、纠偏、改进措施； 2. 按照预防、纠偏、改进措施实施改进				
		4.5.2 持续改进	70. 持续改进	1. 依据管理评审反馈意见，制订预防、纠偏、改进措施； 2. 按照预防、纠偏、改进措施实施改进				

系部人才培养质量监控保障体系定点监控与评价

表 9

主要方面	一级指标（关键因素）	二级指标（关键环节）	质量控制点	质量要求	评价结果			
					A	B	C	D
1 质量目标和管理职责	1.1 系部定位和建设思路	1.1.1 系部定位和建设思路	1. 系部定位 2. 建设思路	1. 依据学院办学定位，明确系部发展定位，为行业企业培养“下的去、留得住、干得好”高端技能型人才； 2. 依据学院办学思路，明确系部建设思路，并制订相应的制度、措施				
	1.2 质量目标	1.2.1 指导思想	3. 质量方针	树立质量意识，以提高质量为核心，注重内涵建设，深化“校企合作、工学结合、德能并重”人才培养模式改革，实现学生的知识、能力、素质协调发展				
		1.2.2 质量目标	4. 质量目标	1. 把行业企业、学生需求和满意度作为衡量人才培养质量的标准； 2. 以提高质量为核心，注重内涵发展，不断深化高等职业教育改革，全面提高人才培养质量，培养德智体美全面发展的中国特色社会主义事业建设者和接班人				

续上表

主要方面	一级指标（关键因素）	二级指标（关键环节）	质量控制点	质量要求	评价结果			
					A	B	C	D
1 质量目标和管理职责	1.3 专业设置	1.3.1 专业设置	5. 专业设置与规划	1. 及时跟踪市场需求的变化，主动适应区域、行业经济和社会发展的需要，根据学院的办学条件，有针对性地调整和设置专业； 2. 在充分调研、分析和专业建设委员会论证的基础上，制订系部专业建设规划，形成重点突出、特色鲜明的专业体系				
	1.4 职责与权限	1.4.1 职责与权限	6. 职责、权限及工作流程	1. 明确本系部各岗位职责和权限，完善系部规章制度，将人才培养和校企合作的每项工作落实到各教研室、各岗位中； 2. 建立工作流程并严格执行； 3. 加强沟通与交流				
2 资源管理	2.1 人力资源管理	2.1.1 师资队伍建设管理	7. 师资队伍建设	1. 依据学院师资队伍建设规划，制订系部建设计划； 2. 两学年内教师到企业顶岗锻炼累计不少于两个月，且能保质保量，保障具有双师素质专业教师比例达到90%				
			8. 教师工作业绩考核	做好教师工作业绩考核工作				
			9. 教学团队	聘请行业企业的技术骨干和能工巧匠到学院担任兼职教师，兼职教师承担的专业课学时比例达50%				
	2.2 办学经费管理	2.2.1 经费投入和使用	10. 二级预算执行	1. 依据学院二级预算方案制订实施计划，使用合理、公开透明； 2. 制定专项建设经费预算计划				
	2.3 设施建设与管理	2.3.1 设施建设与管理	11. 设施建设与利用	1. 落实好学院教室、宿舍、教学科研仪器设备、图书馆、教学用计算机、多媒体教室和实验实训室、实训中心、体育设施、校园网等的硬件和软件的建设与管理； 2. 按学院教学仪器使用、实习实训耗材管理办法，保障教学正常运行； 3. 利用好数字化校园，实现教师备课、学生自学、社会培训等功能				

续上表

主要方面	一级指标（关键因素）	二级指标（关键环节）	质量控制点	质量要求	评价结果			
					A	B	C	D
2 资源管理	2.4 教学基本建设与管理	2.4.1 专业建设管理	12. 专业建设	1. 专业定位合理，特色鲜明，打造品牌专业； 2. 依据行业企业需求与地域特点，构建并实施校企合作、工学结合、德能并重人才培养模式； 3. 专业教学团队满足人才培养质量需求； 4. 实训基地建设能满足60%以上学生半年顶岗实习、实训需要，基地就业学生不少于实习学生的40%； 5. 做好质量工程项目申报及建设				
		2.4.2 课程建设管理	13. 课程建设	1. 参照相关的职业资格标准，建立以职业素养、就业能力为本位课、岗、证融通的课程体系； 2. 课程定位准确，校企合作共同编制突出职业能力培养的课程标准，构建并实施基于工作工程的项目载体、任务驱动、学生主体的课程体系； 3. 制订优质核心课、精品课建设规划，按计划进行建设； 4. 有效利用网络平台，实现课程和优质教学资源共享，教师利用率100%，学生利用率90%以上				
		2.4.3 教材建设管理	14. 教材开发与选用	1. 按学院教材编写、审定管理办法，与行业企业共同开发紧密结合生产实际的工学结合特色教材； 2. 按教材建设管理办法开展教材建设，重点建设专业开发工学结合特色教材达30%； 3. 优先选用国家优秀或规划教材，全部课程选用近5年内出版的教材，其中近3年出版（或自编）教材的比例≥80%				
		2.4.4 实践教学建设管理	15. 实践教学体系	1. 实践教学体系符合人才培养的要求，实践教学学时占总学时50%以上； 2. 实践按教学内容与实际生产过程相一致				
			16. 教学条件利用	1. 加强实习、实训室内涵建设； 2. 60%的实训室建设与行业标准、生产现场一致，建成集教学、培训、技能鉴定、生产和科技服务为一体的共享型校内实训中心； 3. 实训开出率达到100%以上，校内生产性实训平均比例达60%； 4. 设备使用率达98%，设备完好率98%以上				
			17. 社会实践	1. 按实习管理办法组织开展实习、实践教学； 2. 认真落实实践育人方案，按要求完成社会调查报告				

续上表

主要方面	一级指标（关键因素）	二级指标（关键环节）	质量控制点	质量要求	评价结果 A	B	C	D
2 资源管理	2.4 教学基本建设与管理	2.4.5 校企合作建设管理	18. 校企合作项目管理	依据校企合作管理办法，与企业在教学、科研与生产方面开展合作，积极寻求校企合作项目，合作项目有明显成果和效益，达到与企业深度融合				
			19. 运行效果	通过校企合作项目，提高人才培养质量，提升社会服务能力				
			20. 捐赠管理	对企业的捐赠（学生资助、图书、设备、软件等）按管理制度严格管理，合理使用				
	2.5 教学改革与研究	2.5.1 教学改革与研究	21. 教学改革与研究	1. 开展教学改革及研究，每学期开展的学术活动不少于1次，按期完成教学、科研项目； 2. 积极承担国家、省、院级专业、实训基地、教学团队、课程等建设项目； 3. 系部每年获得2项厅级以上的奖励，教师获得4项厅级以上的奖励，学生获得4项厅级以上的奖励				
	2.6 社会服务建设与管理	2.6.1 技术服务与推广	22. 技术服务与推广	制订系部教师开展技术服务管理办法，利用专业优势与资源开展技术服务，达到双师素质教师培养目标				
		2.6.2 交流与合作	23. 交流与合作	制订交流与合作计划，每学年开展1次以上的交流与合作工作，合作项目3个以上，有序地开展交流与合作工作，提升影响力				
3 过程管理	3.1 人才培养方案	3.1.1 人才培养方案制订、审核	24. 人才培养方案	依据学院人才培养方案指导意见，校企共同制订专业人才培养方案，实现专业与产业，课程内容与职业标准，教学过程与生产过程，学历证书与职业资格证书、职业教育与终身学习对接				
			25. 人才培养方案初审	执行人才培养方案审核流程，做好人才培养方案的初审工作				
	3.2 招生与就业	3.2.1 招生计划	26. 招生计划	根据学院招生计划，制订各专业招生计划				
		3.2.2 就业指导与创业教育	27. 就业指导与创业教育	1. 制订创业与就业教育计划，开展创业与就业教育，将就业与创业教育课程纳入课程体系； 2. 每学年专题研究学生就业工作不少于6次，为毕业生提供就业岗位数/毕业生总数≥2； 3. 每年走访学生主要顶岗实习（就业）基地不少于60%				
	3.3 人才培养过程	3.3.1 教学管理	28. 教学运行管理	1. 依据学院教学运行管理制度制订系部教学运行管理制度； 2. 通过开学初、期中及不定期随机抽查等形式对日常教学情况进行检查； 3. 通过日常听课、设立学生信息员、召开学生座谈会等方式加强教学管理和教学检查； 4. 每学期分别召开2次以上教学、学生工作会议； 5. 按照课程考核管理办法实施考核，做好成绩管理； 6. 依据学院师德师风建设方案，加强师德师风建设，做好教师工作业绩考核，学院复核教师工作业绩准确率达85%以上； 7. 按照教学运行过程的质量监控点实时进行点对点的检查； 8. 定期开展系部管理评审和教育教学评价，达到自我完善、自我激励和自我提高的目的				

续上表

主要方面	一级指标（关键因素）	二级指标（关键环节）	质量控制点	质量要求	评价结果			
					A	B	C	D
3 过程管理	3.3 人才培养过程	3.3.2 思想政治和学生工作	29. 思想政治教育	1. 落实学院爱国主义、感恩诚信等教育计划； 2. 制订社会实践计划并严格执行； 3. 严格执行党员培养发展流程，申请入党学生数占学生总数的40%以上				
			30. 国防教育	依据学院国防教育方案，积极开展国防教育，国防教育不少于2周				
			31. 安全教育	1. 对学生进行安全、法制教育每年不少于2次； 2. 制订学生安全应急预案并对预案进行推演				
			32. 学生日常管理	1. 完善学风、考风建设计划并严格执行，学生出勤率达95%以上（含请假）； 2. 学生对辅导员工作测评满意率90%以上； 3. 每学年专题研究学生招生工作不少于6次				
			33. 学生奖、助工作	1. 严格执行学院奖、助、补、贷、勤、免评定、发放办法、流程； 2. 严格执行国家奖、助、补、贷、免评定、发放办法、流程； 3. 学生学院奖学金受奖面达学生人数25%； 4. 催缴有关费用				
			34. 学生保险	及时办理学生医疗保险和顶岗实习保险				
		3.3.3 素质拓展与校园文化建设	35. 全员育人	依据学院全员育人实施方案，积极开展全员育人活动				
			36. 素质拓展	制订社团、课外科技、文艺、社会实践等活动计划，开展各项活动				
			37. 竞赛奖励	每年开展一次校企技能大赛及联谊等活动，获奖比例不低于15%				
			38. 校园文化建设	1. 依据学院校园文化建设方案，积极开展校园文化建设，企业文化进校园、进系部、进专业、进课堂，构建和谐文明的校园文化氛围； 2. 每年开展1次校企技能大赛及联谊活动				
		3.3.4 学籍管理	39. 学籍异动管理	1 按学院学生管理规定，掌控学生学籍异动情况； 2. 定期上报学籍异动情况				
		3.3.5 体育与健康	40. 体育与健康	1. 开展多样化的体育锻炼活动，培养学生自我锻炼的习惯； 2. 组织学生进行体质健康测试，学生体质健康测试合格率达98%； 3. 按照学院要求组织学生进行体制健康测试，学生体质健康测试合格率达98%				
			41. 心理健康教育	在学院心理咨询机构指导下，开展心理健康教育与心理咨询指导活动，每学年不少于2次				

续上表

主要方面	一级指标（关键因素）	二级指标（关键环节）	质量控制点	质量要求	评价结果 A	B	C	D
3 过程管理	3.4 教学文件档案管理	3.4.1 教学文件档案管理	42. 教学文件档案管理	按学院教学文件归档要求和规定，做好教学文件归档工作，做到档案齐全、管理规范、便于查找				
4 评价与监控	4.1 监控	4.1.1 质量目标和管理职责监控	43. 质量目标和管理运行是否满足人才培养需要	1. 对系部质量目标和管理职责进行监控评价； 2. 对部门质量目标和管理职责进行监控评价； 3. 对学院对质量目标和管理职责进行监控评价				
		4.1.2 资源管理监控	44. 资源是否满足人才培养需要	1. 对系部资源管理进行监控与评价； 2. 对部门资源管理进行监控与评价； 3. 对学院资源管理进行监控与评价				
		4.1.3 过程管理监控	45. 人才培养过程和教学质量和评价	1. 对系部人才培养过程管理评审和教学质量进行监控和评价； 2. 对部门过程管理进行监控与评价； 3. 对学院人才培养过程和教学质量进行监控和评价				
		4.1.4 不合格控制与毕业资格审查	46. 不合格控制 47. 毕业资格初审	1. 对成绩不合格学生进行预警，严格学生降留级、学生违纪处理； 2. 进行毕业生资格初审，保障毕业生质量				
	4.2 分析与评价	4.2.1 生源质量分析	48. 生源结构与质量	1. 分专业分析生源结构（如性别、年龄、名族、生源地等）； 2. 分专业分析生源家庭经济状况（包括贫困生认定）； 3. 分专业分析生源质量（入学成绩、获奖情况等）				
		4.2.2 学业成绩分析	49. 学业成绩	1. 按学院课程考核管理办法进行课程考核； 2. 每学期按专业、班级进行课程考核分析并及时反馈； 3. 学生各门课程考核合格率不低于95%；专业技能考证合格率98%，学生体质健康测试合格率达98%；毕业生双证获取率达98%				

续上表

主要方面	一级指标（关键因素）	二级指标（关键环节）	质量控制点	质量要求	评价结果			
					A	B	C	D
4 评价与监控	4.2 分析与评价	4.2.3 就业率与就业质量	50. 就业质量	1. 应届毕业生调查 90% 以上，编写毕业生就业分析报告； 2. 毕业生签约率达 99% 以上，初次就业率 97% 以上，就业对口率 85% 以上，起薪线高于全省平均水平 10% 以上				
			51. 优秀毕业生成长案例	搜集优秀毕业生成长典型案例不低于毕业学生数 1%				
		4.2.4 毕业生创业与成效	52. 创业教育	制订创业就业工作计划并严格执行				
			53. 创业成效	及时搜集创业案例				
		4.2.5 毕业生社会满意度	54. 毕业生跟踪调查	1. 按学院毕业生跟踪调查管理办法开展毕业生跟踪调查； 2. 对半年以上毕业跟踪调查不低于 90%，1 年以上毕业跟踪调查不低于 70%，2 年以上毕业跟踪调查不低于 50%，3 年以上毕业跟踪调查不低于 15%				
			55. 毕业生企业满意度	用人单位对毕业生综合评价的满意率达 95% 以上				
	4.3 管理评审	4.3.1 评审管理	56. 系部管理评审	1. 进行系部管理评审； 2. 撰写系部管理评审报告； 3. 及时反馈，持续改进				
	4.4 教育教学评价	4.4.1 专业评估、专项评估	57. 专业自评	1. 按照学院专业评估办法进行自评； 2. 撰写自评报告； 3. 及时反馈，持续改进				
			58. 专项自评	1. 依据专项评估要求，制订工作计划化； 2. 依据工作方案进行自评检查化； 3. 依据专项评估工作要求，撰写专项自评评估报告； 4. 按专项评估反馈意见，制订措施，实施整改				
	4.5 反馈与改进	4.5.1 制订预防纠正措施	59. 制订纠正、预防措施	依据系部管理评审和教育教学评价反馈意见，制订预防、纠偏、改进措施				
		4.5.2 持续改进	60. 持续改进	以学生、企业、社会的需求和满意程度作为核心，依据预防、纠偏、改进措施实施改进				

表 10

企业人才培养质量监控保障体系定点监控与评价

主要方面	一级指标（关键因素）	二级指标（关键环节）	质量控制点	质量要求	评价结果			
					A	B	C	D
1 质量目标和管理职责	1.1 学院定位和建设思路	1.1.1 办学定位和建设思路	1. 办学定位和思路	依托行业办学、服务行业企业，理念先进、思路明确				
	1.2 质量目标	1.2.1 指导思想	2. 质量方针	以职教集团为平台，专业建设委员会为纽带，创新实施校企合作、工学结合、德能并重的多样化人才培养模式，培养企业需要的人才				
		1.2.2 质量目标	3. 质量目标	培养综合素质高、业务能力强、发展潜力足、受社会欢迎的高端技能型人才，为行业企业发展提供人才支撑和智力支持				
	1.3 专业设置	1.3.1 专业设置	4. 专业设置	紧贴行业设专业，专业设置与企业行业需求相一致，以重点专业为龙头，带动相关专业协调发展				
2 资源管理	2.1 人力资源管理	2.1.1 师资队伍	5. 师资队伍	1. 教师职业教学能力符合高端技能型人才培养需要； 2. 教师执业资格证书持证比例高，为企业提供技术支持和服务； 3. 大力开展校企合作，聘请企业专业技术人员、能工巧匠承担教学任务				
	2.2 办学经费管理	2.2.1 经费投入和使用	6. 经费投入和使用	1. 多方筹措资金，办学经费投入满足教学需求，使用合理； 2. 积极开展校企合作，争取行业企业投入教学经费或学生奖励资助经费				
	2.3 设施建设与管理	2.3.1 设施建设与管理	7. 设施建设与管理	教学设施满足国家要求，教室、教学科研仪器设备、图书馆、宿舍、教学用计算机、多媒体教室和实验实训室、实训中心、体育设施、数字化校园等的硬件和软件的满足教学需求				
	2.4 教学基本建设与管理	2.4.1 专业建设管理	8. 专业建设	1. 依据行业企业需求与地域特点，构建并实施校企合作、工学结合、德能并重人才培养模式； 2. 课程体系体现课、岗、证融通，教学方法实现教、学、做合一； 3. 校企共同开发课程、教材、共建共享实训基地、共享资源				
		2.4.2 实践教学建设管理	9. 实践教学建设与利用	校企共建共享集教学、培训、技能鉴定、生产和科技服务五位一体的校内外实训基地				
		2.4.3 校企合作建设管理	10. 校企合作	1. 面向企业需求进行订单人才培养和企业员工培训，建立"校中厂、厂中校"，开展"订单班、冠名班"，探索适合学院和企业共同参与的人才培养模式； 2. 通过合作办学、合作育人、合作就业、合作发展，共同提升企业、学院的竞争力				
	2.5 教学改革与研究	2.5.1 教学改革与科学研究	11. 教学改革与科学研究	利用信息技术和数字化校园网络建立生产教学双向服务平台，共同进行技术攻关、科技研发、技术推广、成果应用，提升科技研发能力，打造科技型企业、学院				
	2.6 社会服务建设与管理	2.6.1 技术服务与推广	12. 技术服务与推广	利用校内生产性实训基地和师资开展技术服务，进行科技成果转化和应用，服务行业企业发展				

续上表

主要方面	一级指标（关键因素）	二级指标（关键环节）	质量控制点	质量要求	评价结果			
					A	B	C	D
3 过程管理	3.1 人才培养方案	3.1.1 人才培养方案制订	13.人才培养方案	校企共同制订人才培养方案，实现专业与产业对接，课程内容与职业标准对接，教学过程与生产过程对接，学历证书与职业资格证书对接、职业教育与终身学习对接				
	3.2 就业	3.2.1 就业指导与创业教育	14.就业与创业	校企共同开展就业教育与创业指导工作，及时发布企业用人信息，定期或不定期开展毕业生推介工作，优先向合作企业推荐优秀毕业生				
	3.3 人才培养过程	3.3.1 教学运行管理	15.教学运行管理	教育教学管理制度健全，管理规范，秩序良好				
		3.3.2 素质拓展	16.素质拓展	校企联合共同开展社团、科技、技能比武、文艺活动和社会调查、社会实践等实践育人活动，全面提升学生综合素质				
		3.3.3 文化建设	17.校园文化	开展企业文化进校园、进系部、进专业、进课堂活动，将优秀的企业文化与校园文化有机融合，形成职业氛围浓郁、积极向上的校园文化				
4 评价与监控	4.1 监控	4.1.1 质量目标和管理职责监控	18.质量目标和管理运行是否满足人才培养需要	开展人才培养质量监控评价工作，对人才培养质量监控保障体系质量目标和管理运行是否满足人才培养需要提出意见和建议				
		4.1.2 资源管理监控	19.资源是否满足人才培养需要	对学院资源建设情况实施有效监控和评价，对发现的问题及时分析并纠正，保障资源管理和建设满足人才培养需要				
		4.1.3 过程管理监控	20.人才培养过程和教学质量评价	对学院人才培养过程和教学质量监控、评价，提出意见和建议，及时反馈学院				
	4.2 分析与评价	4.2.1 就业率与就业质量	21.就业质量	开展毕业生就业率、就业质量调查工作，将毕业生就业率、签约率、就业对口率、起薪线作为衡量毕业生就业质量的主要指标				
			22.优秀毕业生成长案例	收集优秀毕业生成长案例，并加强宣传				
		4.2.2 毕业生社会满意度	23.毕业生企业满意度	积极客观评价企业对毕业生满意率、毕业生优良率				

续上表

主要方面	一级指标（关键因素）	二级指标（关键环节）	质量控制点	质量要求	评价结果			
					A	B	C	D
4 评价与监控	4.3 管理评审	4.3.1 评审管理体系	24. 定期评审	定期开展管理评审工作，提出意见和建议，及时反馈，人才培养质量监控保障体系有效运行				
	4.4 教育教学评价	4.4.1 专业评估、专项评估	25. 专业评估	开展专业评估工作，提出意见及建议				
			26. 专项评估	开展教育教学质量考核和教师业绩考核等专项评估工作，提出意见及建议				
	4.5 反馈与改进	4.5.1 制订预防纠正措施	27. 制订纠正、预防措施	对学院各系部、各部门及企业在校企合作人才培养中的质量情况进行监控、评价，提出意见建议				
		4.5.2 持续改进	28. 持续改进	制订纠正措施和预防措施，并持续改进				

学生人才培养质量监控保障体系定点监控与评价

表11

主要方面	一级指标（关键因素）	二级指标（关键环节）	质量控制点	质量要求	评价结果			
					A	B	C	D
1 质量目标和管理职责	1.1 办学定位和建设思路	1.1.1 办学定位和建设思路	1. 办学定位和思路	1. 坚持以服务为宗旨，以就业为导向，以质量求生存，以特色求发展，走产学研结合的发展之路； 2. 学院办学定位准确、办学思路符合学生职业能力提高和职业发展需求				
	1.2 质量目标	1.2.1 指导思想	2. 质量方针	以提高质量为核心，注重内涵建设，实施校企合作、工学结合人才培养模式，实现学生知识、能力、素质协调发展				
		1.2.2 人才培养质量目标	3. 质量目标	把行业企业、学生需求和满意度作为衡量人才培养质量标准，培养综合素质高、业务能力强、发展潜力足、受社会欢迎的高端技能型人才				
	1.3 专业设置	1.3.1 专业设置	4. 专业设置	专业设置符合市场需求，就业前景良好，助力学生成长成才				

续上表

主要方面	一级指标（关键因素）	二级指标（关键环节）	质量控制点	质量要求	评价结果			
					A	B	C	D
2 资源管理	2.1 人力资源管理	2.1.1 师资队伍建设管理	5. 师资队伍	专兼职教师队伍满足人才培养要求，教书育人、为人师表、技能熟练				
	2.2 办学经费管理	2.2.1 经费投入和使用	6. 教学经费	办学条件良好，为学生创设了良好的学习环境				
			7. 学生奖、助经费	学生奖、助、补、贷、勤、免工作规范，公开、公平、公正，发放及时				
			8. 就业经费	就业经费投入能为就业工作开展提供保障				
	2.3 设施建设与管理	2.3.1 设施建设与管理	9. 设施建设及利用	教室、教学科研仪器设备、图书资源、宿舍、教学用计算机、多媒体教室和实训室、体育设施、数字化校园等硬件和软件使用管理规范，满足专业学习及综合素质提高的需求				
	2.4 教学基本建设与管理	2.4.1 专业建设管理	10. 专业建设	1. 实施校企合作、工学结合、德能并重人才培养模式； 2. 实施基于工作过程的项目载体、任务驱动、学生主体的教学模式				
		2.4.2 课程建设管理	11. 课程建设	1. 课程体系体现课、岗、证融通，教学方法实现教、学、做合一； 2. 课程内容紧密联系生产实际，应用先进教育技术实施教学				
			12. 教学资源	利用数字化校园平台，为学生提供优质教学资源				
		2.4.3 教材建设管理	13. 教材建设	1. 选用近5年内出版的高职高专规划教材，其中近3年出版教材的比例≥80%； 2. 校企共同开发的工学结合特色教材占有一定比例； 3. 教材内容贴合生产实际				
		2.4.4 实践教学建设管理	14. 实践教学体系	实践教学安排符合人才培养方案要求，实践教学学时占总学时50%以上				
			15. 条件及利用	1. 形成教学、培训、技能鉴定、生产和科技服务为一体的共享型校内实训中心； 2. 设备使用率和设备完好率均达98%以上				
			16. 社会实践	广泛开展社会调查、实践活动，拓展学生综合素质				
		2.4.5 校企合作建设管理	17. 校企合作	1. 校企在教育教学与生产实践方面开展广泛合作，建立“校中厂、厂中校”，以“订单班、冠名班”等多样化的模式共育人才； 2. 广泛开展技能竞赛、技术交流、校企联谊等多形式的活动，促进学生与企业的了解				

续上表

主要方面	一级指标（关键因素）	二级指标（关键环节）	质量控制点	质量要求	评价结果			
					A	B	C	D
2 资源管理	2.5 教学改革与研究	2.5.1 教学改革与研究	18. 教学改革与研究	通过国家、省、院级专业、实训基地、教学团队、课程等教学改革与研究项目建设，提高人才培养质量				
	2.6 社会服务建设与管理	2.6.1 技术服务与推广	19. 技术服务	充分发挥学院专业和生产性实训基地优势，面向社会开展勘察设计、工程监理、试验检测、汽车销售与维修、物流配送、技术培训、技能鉴定等技术服务工作，提升学院社会服务能力，为学生提供实习、实训和就业岗位				
		2.6.2 交流与合作	20. 交流与合作	开展与省内外同类院校、相同专业的合作与交流，开阔学生视野，拓展学生的就业机会，提升学生的发展潜力				
3 过程管理	3.1 人才培养方案	3.1.1 人才培养方案制订	21. 人才培养方案	实施“校企合作、工学结合”的人才培养方案，体现专业与产业对接，课程内容与职业标准对接，教学过程与生产过程对接，学历证书与职业资格证书对接、职业教育与终身学习对接				
	3.2 招生与就业	3.2.1 招生计划	22. 招生计划	1. 多形式、多手段、多层面开展招生宣传工作； 2. 招生录取阳光透明				
		3.2.2 就业指导与创业教育	23. 就业与创业教育	1. 开展就业与创业教育，将就业与创业教育课程纳入课程体系； 2. 院系两级举办就业招聘会，为毕业生提供就业岗位数/毕业生总数≥2				
	3.3 人才培养过程	3.3.1 教学运行管理	24. 教学运行	1. 严格按人才培养方案实施教学，教学秩序正常，教风、学风良好； 2. 教师授课准备充分，实施项目载体、任务驱动、学生主体，教学做一体教学模式，充分调动学习积极性，学生能够运用所学知识和技能解决实际问题； 3. 通过日常听课、设立学生信息员、召开学生座谈会、开展经常性的日常教学检查等方式加强教学管理，实现不断改进； 4. 按照课程考核管理办法实施考核，成绩录入准确、及时，查询方便				
		3.3.2 思想政治和学生工作	25. 思想政治教育	将思想政治教育、职业道德教育渗透到教学工作的各个环节，经常开展爱国主义、集体主义、法制教育、诚实守信、感恩教育学生党员及入党积极分子发挥模范带头作用				
			26. 国防教育	通过军事训练和日常军事科目教育进行国防教育，增强国防意识				
			27. 安全教育	通过日常教育、专题讲座、安全预案演练等形式开展安全教育，提高安全意识				
			28. 学生日常管理	1. 学生工作制度健全，管理规范； 2. 按学生手册和规章制度进行日常管理，德育考核严格、规范； 3. 学生管理人员工作积极主动、认真负责、服务意识强、关爱学生，助力学生成长成才				
			29. 学生保险	在校生校方责任险、医疗保险、顶岗实习保险投保率100%				

续上表

主要方面	一级指标（关键因素）	二级指标（关键环节）	质量控制点	质量要求	评价结果 A	B	C	D
3 过程管理	3.3 人才培养过程	3.3.3 素质拓展与校园文化建设	30. 全员育人	校风良好，全员育人、全过程育人				
			31. 素质拓展	开展丰富多彩的文艺、社团、科技活动和社会调查、社会实践等				
			32. 竞赛奖励	每年开展一次校企技能比武和联谊等活动，获奖比例不少于15%				
			33. 校园文化	开展企业文化进校园、进系部、进专业、进课堂活动，将优秀的企业文化与校园文化有机融合，形成职业氛围浓郁、积极向上的校园文化氛围				
		3.3.4 学籍管理	34. 学籍管理	1. 学院学籍管理制度健全； 2. 入学、学年、学历注册规范； 3. 学生入学、留级、休学、复学、退学、转学、转专业管理规范				
		3.3.5 体育与健康	35. 体育与健康	开展多样化的体育活动，按《学生体质健康标准》进行学生体质健康测试				
			36. 心理健康	开展心理健康教育和心理咨询，建立心理健康档案				
4 评价与监控	4.1 监控	4.1.1 质量目标和管理职责监控	37. 质量目标和管理运行是否满足职业成长需要	对人才培养质量监控保障体系质量目标和管理运行是否满足人才培养需要进行监控、评价				
		4.1.2 资源管理监控	38. 资源是否满足职业成长需要	对学院资源建设与管理情况实施进行监控、评价				
		4.1.3 过程管理监控	39. 人才培养过程和教学质量评价	对学院人才培养过程和教学质量监控、评价				
		4.1.4 不合格控制与毕业资格审查	40. 不合格控制	1. 严格执行学院学生降留级、学生违纪处理的规定； 2. 严格执行学生预警，并采取措施，保障毕业生质量				

续上表

主要方面	一级指标（关键因素）	二级指标（关键环节）	质量控制点	质量要求	评价结果			
					A	B	C	D
4 评价与监控	4.2 分析与评价	4.2.2 学业成绩分析	41. 学业成绩分析	1. 课程考核合格率、考证合格率、体质健康达标率、毕业生双证获取率公布及时，按专业、班级进行分析； 2. 毕业生职业技能获证率达98%，双证获取率达98%				
		4.2.3 就业率与就业质量	42. 就业质量分析	开展毕业生就业率、就业质量调查工作，对毕业生就业率、签约率、就业对口率、起薪线等主要指标进行分析				
			43. 优秀毕业生成长案例	收集优秀毕业生成长案例并进行有效宣传				
		4.2.4 毕业生创业与成效	44. 毕业生创业教育及创业成效	1. 经常开展毕业生创业教育； 2. 收集毕业生创业案例并进行成效分析				
		4.2.5 毕业生社会满意度	45. 毕业生企业满意度	开展毕业生满意度调查、分析，客观评价企业对毕业生满意度				
	4.3 管理评审	4.3.1 管理评审	46. 人才培养质量监控保障体系定期评审	对部门评审、对体系运行情况管理评审，撰写管理评审报告，及时反馈，持续改进				
	4.4 教育教学评估	4.4.1 专业评估、专项评估	47. 专业评估	开展专业评估				
			48. 专项评估	开展专项评估				
	4.5 反馈与改进	4.5.1 制订预防纠正措施	49. 制订纠正、预防措施	依据管理评审、专业评估、专项评估，制订预防、纠偏、改进措施				
		4.5.2 持续改进	50. 持续改进	按照预防、纠偏、改进措施实施改进				

三、实时监控及评价用表

实施监控用表由监控评价用表、监控记录用表、监控调查用表、反馈用表组成。

1 监控评价用表

由课堂教学监控评价表(表12)、校内实践教学监控评价表(表13)、顶岗实习监控评价表(表14)、校外实践教学监控评价表(表15)组成,用于对人才培养质量进行实施监控和评价。

2 记录用表

人才培养质量实时监控记录表(表16),用于定点监控、座谈会纪录、听课时对人才培养质量实时监控记录。

3 调查用表

由学生满意度调查表(表17)、毕业生社会满意度调查表(表18)、毕业生跟踪调查表Ⅰ(表19)、毕业生跟踪调查表Ⅱ(表20)、毕业生跟踪调查表Ⅲ(表21)组成,用于调查学生和企业、社会对学院人才培养质量的调查,为制订质量目标和管理职责、配置资源、完善过程和评价提供依据。其中,毕业生跟踪调查表Ⅰ用于应届毕业生调查,毕业生跟踪调查表Ⅱ用于学生毕业1年后调查,毕业生跟踪调查表Ⅲ用于学生毕业3年后、10年后调查。

4 反馈用表

人才培养质量实时监控反馈表(表22)用于对人才培养质量监控过程中出现的问题进行反馈,实现持续改进。

青海交通职业技术学院课堂教学监控评价表 表12

<table>
<tr><td rowspan="2">专业</td><td rowspan="2"></td><td>授课时间</td><td></td><td>班级</td><td></td><td>课程名称</td><td></td><td>教师</td><td></td></tr>
<tr><td colspan="6">评 价 标 准</td><td>分值</td><td>得分</td></tr>
<tr><td rowspan="5">教学准备</td><td>教学设计</td><td colspan="6">遵循人才培养方案和课程标准,进行课程设计和单元设计,体现校企合作、工学结合的人才培养模式</td><td>10</td><td></td></tr>
<tr><td rowspan="4">教学内容</td><td colspan="6">引入行业、企业标准,制订适合职业能力或岗位技能培养的案例、项目、任务等</td><td>7</td><td></td></tr>
<tr><td colspan="6">教学内容的选取与职业标准对接,体现岗位需求、新技术、新材料、新工艺</td><td>7</td><td></td></tr>
<tr><td colspan="6">教学设备、场地、教学软件、课件与教具等准备充分,体现“课、岗、证”融通,“教、学、做”一体</td><td>7</td><td></td></tr>
<tr><td colspan="6">教学进度计划、教案、教学日志等教学文件齐全</td><td>4</td><td></td></tr>
</table>

续上表

<table>
<tr><td rowspan="2">专业</td><td rowspan="2"></td><td>授课时间</td><td></td><td>班级</td><td></td><td>课程名称</td><td></td><td colspan="2">教师</td></tr>
<tr><td colspan="6">评价标准</td><td>分值</td><td>得分</td></tr>
<tr><td rowspan="9">教学过程</td><td>教学目标</td><td colspan="6">课程定位准确,能力目标、知识目标、素质目标明确,重、难点突出,符合课程标准的要求</td><td>5</td><td></td></tr>
<tr><td rowspan="5">教学组织</td><td colspan="6">营造与职业环境相符的学习情境,激发学生探究的欲望,教学组织与安排始终围绕教学目标展开。培养学生发现、分析和解决问题的能力,注重德育渗透和职业素质的培养</td><td>10</td><td></td></tr>
<tr><td colspan="6">能激发调动学生学习兴趣和动力,引导学生完成教学全过程,大部分学生能完成训练任务,实现教学目标</td><td>5</td><td></td></tr>
<tr><td colspan="6">教学活动安排紧凑,时间分配合理,张弛有度,教学环节完整,衔接自然</td><td>5</td><td></td></tr>
<tr><td colspan="6">加强教学组织管理,营造良好的教学环境和氛围,课程秩序井然有序</td><td>5</td><td></td></tr>
<tr><td colspan="6">培养学生诚实守信、遵纪守法、讲究效率、尽职尽责、团结协作的职业素养</td><td>5</td><td></td></tr>
<tr><td rowspan="2">教学手段与方法</td><td colspan="6">创新教学方法、手段,授课专业术语和图文表达准确,板书清晰、精要,能科学、合理、创造性的运用多媒体技术优化教学方法,提高教学效果</td><td>10</td><td></td></tr>
<tr><td colspan="6">采用项目引领,任务驱动,学生主体教学模式,突出职业教育特色,培养学生实践动手能力</td><td>10</td><td></td></tr>
<tr><td>教学素质</td><td colspan="6">着装得体,语言规范,为人师表,教书育人</td><td>2</td><td></td></tr>
<tr><td rowspan="2">教学效果</td><td>学习兴趣</td><td colspan="6">课堂气氛活跃,职业教育氛围浓郁,学生学习积极性高,学生全程参与教与学,思维得到扩展</td><td>3</td><td></td></tr>
<tr><td>学习效果</td><td colspan="6">充分体现教师主导、学生主体,学生能够运用所学知识和技能解决问题,教学任务完成质量高,教学效果良好</td><td>5</td><td></td></tr>
<tr><td colspan="3">评价等级</td><td colspan="3"></td><td colspan="2">合计</td><td>100</td><td></td></tr>
<tr><td colspan="10">综合评语(意见和建议)

评价人签名:</td></tr>
</table>

注:各等级分值为:90 分≤优秀≤100 分;75 分≤良好 <90 分;60 分≤合格 <75 分;不合格 <60 分。

青海交通职业技术学院校内实践教学监控评价表

表 13

<table>
<tr><td>专业</td><td></td><td>班级</td><td></td><td>教师
姓名</td><td></td><td>授课
时间</td><td></td></tr>
<tr><td>课程
名称</td><td></td><td>实验实训场所</td><td></td><td>实验实训
项目名称</td><td></td><td rowspan="2">分值</td><td rowspan="2">评价
得分</td></tr>
<tr><td colspan="6">评 价 内 容</td></tr>
<tr><td>教学
设计</td><td colspan="5">遵循人才培养方案和课程标准，进行实践教学课程设计和单元设计，体现校企合作、工学结合的人才培养模式</td><td>10</td><td></td></tr>
<tr><td rowspan="2">教学
准备</td><td colspan="5">有符合培养方案要求的实训标准、实训指导书、实训教案</td><td>5</td><td></td></tr>
<tr><td colspan="5">实训器械、设备齐全、完好，配置符合实训要求，管理规范，安全措施到位，实训场地整洁、卫生，照明、通风、消防设施符合实训要求，规章制度齐全，实训环境良好。实训前检查学生的实训准备情况，并有记录</td><td>5</td><td></td></tr>
<tr><td rowspan="7">教学
过程</td><td colspan="5">实训项目的选取符合职业岗位能力的培养，与课程设计的目标一致</td><td>10</td><td></td></tr>
<tr><td colspan="5">实训内容、能力要求及注意事项等讲解明确。根据实验实训要求，合理分组</td><td>5</td><td></td></tr>
<tr><td colspan="5">教师讲解、示范和学生操作实训的时间安排合理</td><td>5</td><td></td></tr>
<tr><td colspan="5">示范操作规范、熟练，讲解透彻，表达清晰、规范，并认真填写《实验实训场所教学记录表》</td><td>15</td><td></td></tr>
<tr><td colspan="5">关注学生的实训情况，巡回指导，不随意离开实训现场。及时排除各种安全隐患，确保学生安全</td><td>10</td><td></td></tr>
<tr><td colspan="5">指导认真正确，回答问题耐心，注重学生独立解决问题能力的培养</td><td>10</td><td></td></tr>
<tr><td colspan="5">严格要求学生，及时制止不良现象和不规范操作，注重学生良好工作习惯的养成教育。注意学生的创新精神和创造能力的培养</td><td>5</td><td></td></tr>
<tr><td rowspan="2">教学
考核</td><td colspan="5">考核的重点是评定学生动手能力和操作技能，且有考核评价方案</td><td>5</td><td></td></tr>
<tr><td colspan="5">成绩评定客观、公正、准确，成绩记录及时。实训报告的格式、要求明确，任务具体。每个任务都有实训报告</td><td>5</td><td></td></tr>
<tr><td rowspan="2">教学
效果</td><td colspan="5">学生实训注意力集中，积极性高，职业教育氛围浓郁，实训现场秩序好</td><td>5</td><td></td></tr>
<tr><td colspan="5">学生实践动手能力得到提高，多数学生能完成教学任务的实训内容，效果良好，达到预期目标</td><td>5</td><td></td></tr>
<tr><td colspan="3">评价等级</td><td colspan="2"></td><td>合计</td><td>100</td><td></td></tr>
<tr><td colspan="8">综合评语（意见和建议）

评价人签名：</td></tr>
</table>

注：各等级分值为：90 分≤优秀≤100 分；75 分≤良好 <90 分；60 分≤合格 <75 分；不合格 <60 分。

青海交通职业技术学院顶岗实习监控评价表　　表14

<table>
<tr><td colspan="2">专业</td><td colspan="2"></td><td>班级</td><td></td><td colspan="2">实习起讫时间</td></tr>
<tr><td colspan="2">校内指导教师</td><td colspan="2"></td><td>企业指导教师</td><td></td><td colspan="2">是否校企合作单位</td></tr>
<tr><td colspan="2">实习地点</td><td colspan="6"></td></tr>
<tr><td colspan="6">评 价 内 容</td><td>分值</td><td>评价得分</td></tr>
<tr><td rowspan="3">实习准备</td><td>实习计划</td><td colspan="4">专业顶岗实习计划、专业实习指导书符合人才培养方案要求；学生顶岗实习协议书、顶岗实习安全协议书等文件齐全</td><td>10</td><td></td></tr>
<tr><td>指导教师</td><td colspan="4">聘请行业企业技术骨干和能工巧匠担任兼职教师与校内指导教师共同实施实习指导工作；指导教师责任心强，技术过硬、教风严谨，以身作则，为人师表</td><td>10</td><td></td></tr>
<tr><td>管理平台</td><td colspan="4">完善“顶岗实习监控管理平台”数据，对师、生进行平台操作培训，确保实习期间校、企、家长共同实施顶岗实习监控</td><td>25</td><td></td></tr>
<tr><td rowspan="5">实习过程</td><td rowspan="3">实习组织</td><td colspan="4">召开实习动员大会，提出顶岗实习要求，对学生进行顶岗实习安全教育，确保顶岗实习工作顺利实施</td><td>5</td><td></td></tr>
<tr><td colspan="4">签定学院、企业、学生三方协议，遵守学校和实习单位各项规章制度，服从安排，不擅自离开实习场所，服从实习单位及企业指导教师管理</td><td>5</td><td></td></tr>
<tr><td colspan="4">通过“顶岗实习监控管理平台”实施实习指导工作，及时掌握学生实习动态，解答学生提问，发现问题，及时解决</td><td>10</td><td></td></tr>
<tr><td>稳定性</td><td colspan="4">学生不随意更换实习单位，稳定率在98%以上</td><td>2</td><td></td></tr>
<tr><td>实习纪律</td><td colspan="4">自觉遵守企业和学校的规章制度，做到按时作息，不迟到，不早退，不误工旷工，无有损企业形象和学校声誉的事情</td><td>5</td><td></td></tr>
<tr><td rowspan="3">实习资料</td><td rowspan="2">日记报告</td><td colspan="4">实习日记内容全面、完整、详实，内容包括实习岗位、实习心得、技能掌握，能客观反映实习期间知识、能力、素质方面的掌握情况，字迹工整，图文并茂，达到规定的篇数</td><td>15</td><td></td></tr>
<tr><td colspan="4">实习报告（总结）符合规定的格式及字数要求，真实反映实习期间知识、能力、素质的提高，图文并茂</td><td>5</td><td></td></tr>
<tr><td>资料批阅</td><td colspan="4">指导教师至少每周批改一次实习日记，提出意见及建议</td><td>3</td><td></td></tr>
<tr><td rowspan="2">成绩评定</td><td>考核方案</td><td colspan="4">制订校企共同参与的顶岗实习考核方案</td><td>5</td><td></td></tr>
<tr><td>成绩评定</td><td colspan="4">企业及校内指导教师依据学生表现，依据考核方案，对学生进行综合评价</td><td>10</td><td></td></tr>
<tr><td colspan="3">评价等级</td><td colspan="2"></td><td>合计</td><td>100</td><td></td></tr>
<tr><td colspan="8">综合评语（意见和建议）

评价人签名：　　　　　　年　月　日</td></tr>
</table>

注：90分≤优秀≤100分；75分≤良好<89分；60分≤合格<75分；不合格<60分。

青海交通职业技术学院校外实践教学监控评价表

表 15

<table>
<tr><td>专业</td><td></td><td>班级</td><td></td><td>实习单位</td><td colspan="2"></td></tr>
<tr><td>实习起止时间</td><td></td><td>实习地点</td><td></td><td>实习岗位</td><td colspan="2"></td></tr>
<tr><td>校内指导教师</td><td></td><td>企业指导教师</td><td></td><td>是否校企合作单位</td><td colspan="2"></td></tr>
<tr><td colspan="5">评　价　内　容</td><td>分值</td><td>评价得分</td></tr>
<tr><td rowspan="4">实训计划及准备</td><td colspan="4">严格按人才培养方案要求制订实习指导书、实习计划。实习文件齐全,实训项目目标、内容明确,符合人才培养标准规定的能力培养要求</td><td>5</td><td></td></tr>
<tr><td colspan="4">实训前召开专题会议,做好实训安全、纪律教育,牢固树立安全意识,明确安全操作规程,会议记录齐全</td><td>5</td><td></td></tr>
<tr><td colspan="4">安排责任心强、有一定实践经验且具有中、高级职业资格证书的指导教师</td><td>5</td><td></td></tr>
<tr><td colspan="4">实训目标与内容明确,符合人才培养方案规定的能力培养要求,能力训练关键环节把握准确、到位,突出学生职业能力培养</td><td>5</td><td></td></tr>
<tr><td rowspan="3">实训组织管理</td><td colspan="4">根据指导书的要求,做好具体安排,及时掌握实习生的思想学习动态,严格做好学生实习期间的管理工作</td><td>5</td><td></td></tr>
<tr><td colspan="4">遵守各项规章,团结协作,不怕苦、不怕累,认真观察,虚心好学,勤于动手</td><td>5</td><td></td></tr>
<tr><td colspan="4">实训时间安排合理严谨,学生训练强度合适,能够体现做中学;学生现场工作有序,能自觉遵守工作现场纪律,遵守安全操作规程</td><td>5</td><td></td></tr>
<tr><td rowspan="3">实训过程质量控制</td><td colspan="4">指导教师现场指导正确、耐心、训练规范;对发现的问题及时给予批评教育并加以纠正</td><td>10</td><td></td></tr>
<tr><td colspan="4">教师的组织、引导到位,学生之间、师生之间互动良好</td><td>10</td><td></td></tr>
<tr><td colspan="4">有严格的考勤制度,实习学生平均出勤率高;实习学生实习态度认真,遵守岗位操作规范和工作程序,保证实习计划的圆满完成</td><td>10</td><td></td></tr>
<tr><td rowspan="4">实训成效</td><td colspan="4">学生人际交往能力、沟通协调能力、学习能力、动手能力、团队意识等综合素质较好</td><td>5</td><td></td></tr>
<tr><td colspan="4">实习日记内容全面、详实,内容包括实习岗位、实训心得、技能掌握,客观反映实习期间知识、能力、素质方面的掌握情况,字迹工整</td><td>10</td><td></td></tr>
<tr><td colspan="4">按要求及时上交实习总结、实习成果、实习鉴定</td><td>10</td><td></td></tr>
<tr><td colspan="4">实训总结内容全面,真实反映实习情况,认真总结实习收获。指导教师认真批阅,评定成绩</td><td>10</td><td></td></tr>
<tr><td colspan="2">评价等级</td><td></td><td colspan="2">合计</td><td>100</td><td></td></tr>
<tr><td colspan="7">综合评语(意见和建议)

评价人签名:　　　　　　年　月　日</td></tr>
</table>

注:90 分≤优秀≤100 分;75 分≤良好<89 分;60 分≤合格<75 分;不合格<60 分。

青海交通职业技术学院人才培养质量实时监控记录表　　表 16

被监控部门(个人)：　　部门(责任人)签字：

监控项目的质量控制点：
监控的形式(访谈、查阅资料、座谈、调查、听课等)：
监控主要内容：
监控结果：

检查：　　记录：

年　月　日

青海交通职业技术学院学生满意度调查表

表 17

系部＿＿＿＿＿＿专业＿＿＿＿＿＿ ＿＿年＿＿月＿＿日

序号	调查项目	主 要 内 容	满意	基本满意	不满意
1	专业设置	专业设置符合市场需求,就业渠道广,前景好			
2	办学条件	教室、实训室、教学仪器设备、图书资源、宿舍、食堂、教学用计算机、多媒体教室、体育设施、数字化校园、校园环境等基础条件			
3	学院声誉	办学条件、就业竞争力、社会服务能力			
4	思政工作	爱国主义、安全教育、诚实守信、感恩教育、国防教育、入学教育、校园文化等思想政治工作			
5	全员育人	学院各部门及全体教职工关心学生成长			
6	课程设置	课程对学习技能、综合素质提高,就业的有效性			
7	学风建设	学习风气及其效果			
8	理论教学	业务能力强、教书育人、为人师表及其效果			
9	实践教学	实习实践环节,指导教师业务水平、实习分组率及其效果			
10	素质拓展	文体活动、社团、社会实践学生参与及其效果			
11	心理辅导	心理辅导、心理咨询			
12	就业创业	开展就业、创业教育与咨询服务,公布就业信息,为毕业生推荐就业岗位			
13	奖励工作	国家和学院奖学金评选发放,三好学生,优秀班团干部评选,工作规范,公平、公正、公开			
14	资助工作	国家和学院助学金评选发放、勤工俭学、免学费、贷款,工作规范,公平、公正、公开			
15	学生违纪	批评教育、处理,公平、公正、公开			
16	辅导员	业务水平、为人师表及其效果			
17	食堂工作	饭菜质量、价格、服务态度			
18	公寓工作	公寓设施、服务态度			
19	图书资料	图书资料数量与质量、服务态度			

你对学院的意见和建议:

青海交通职业技术学院毕业生社会满意度调查表　　　　表 18

感谢贵单位多年来对青海交通职业技术学院就业工作的大力支持，为进一步提高学校办学质量，改革教学内容与课程体系，培养高质量人才，特开展本次毕业生跟踪调查，请予以协助，填写本表寄回我校。希望我们继续保持密切联系，增进友谊，合作愉快。

用人单位盖章：＿＿＿＿＿＿＿＿　联系电话：＿＿＿＿＿＿＿＿＿＿＿＿

<table>
<tr><td rowspan="2">单位名称</td><td colspan="2" rowspan="2"></td><td>单位隶属</td><td></td></tr>
<tr><td>单位性质</td><td></td></tr>
<tr><td rowspan="2">毕业生人数</td><td colspan="2">总人数：　　人</td><td rowspan="2">主要毕业专业</td><td rowspan="2"></td></tr>
<tr><td>男：</td><td>女：</td></tr>
<tr><td>平均月薪</td><td></td><td></td><td></td><td></td></tr>
<tr><td rowspan="2">调查项目</td><td colspan="4">调查结果（请打“√”）</td></tr>
<tr><td>满意</td><td>比较满意</td><td>基本满意</td><td>不满意</td></tr>
<tr><td>思想表现</td><td></td><td></td><td></td><td></td></tr>
<tr><td>敬业精神</td><td></td><td></td><td></td><td></td></tr>
<tr><td>工作态度</td><td></td><td></td><td></td><td></td></tr>
<tr><td>专业知识</td><td></td><td></td><td></td><td></td></tr>
<tr><td>研发能力</td><td></td><td></td><td></td><td></td></tr>
<tr><td>协作精神</td><td></td><td></td><td></td><td></td></tr>
<tr><td>组织管理能力</td><td></td><td></td><td></td><td></td></tr>
<tr><td>计算机能力</td><td></td><td></td><td></td><td></td></tr>
<tr><td>外语能力</td><td></td><td></td><td></td><td></td></tr>
<tr><td>工作业绩</td><td></td><td></td><td></td><td></td></tr>
<tr><td>我校毕业生存在的主要问题</td><td colspan="4"></td></tr>
<tr><td>对学校专业课程设置的建议</td><td colspan="4"></td></tr>
<tr><td>对我校就业工作及就业部门的评价</td><td colspan="4"></td></tr>
<tr><td>贵单位近年希望引进哪些专业人才</td><td colspan="4"></td></tr>
</table>

回函地址：青海省西宁市城北区柴达木路 22 号，邮编 810003

电话：0971－5131392　传真 0971－5122242　电子邮件：qhjzybysdc@163.com

青海交通职业技术学院毕业生跟踪调查表Ⅰ

表19

为了解各位同学毕业半年后的情况,进一步提高学校教学质量和管理水平,改革教学内容与课程体系,特开展本次毕业生跟踪调查,请给予协助。

姓名:__________性别:_______专业:________________________ 毕业时间:________________

QQ号:________________Email:____________________ 联系电话:_________________________

就业单位:____邮编:_______________

1. 您对学校的评价

调查项目	满意程度(请打"√")			
	满意	比较满意	基本满意	不满意
专业教育				
校风、学风				
学生教育与管理				
学习生活环境				
离校时掌握的工作能力				
就业指导与服务				
对课程设置、学生教育管理等的建议				

2. 您对用人单位的认知

调查项目	关注程度(请打"√")		
	关注	比较关注	无所谓
工作环境			
生活条件			
薪资待遇			
个人发展机遇			
管理机制			
发展前景			
企业文化			

回函地址:青海省西宁市城北区柴达木路22号,邮编810003

电话:0971-5131392　传真0971-5122242　电子邮件:qhjzybysdc@163.com

青海交通职业技术学院毕业生跟踪调查表Ⅱ 表20

为了解各位同学毕业一年后的工作情况，进一步提高学校教学质量，改革教学内容与课程体系，特开展本次毕业生跟踪调查，请给予协助，填写本表寄回母校。

姓名：＿＿＿＿＿性别：＿＿＿＿专业：＿＿＿＿＿＿＿＿＿＿＿毕业时间：＿＿＿＿＿＿＿

QQ号：＿＿＿＿＿＿＿Email：＿＿＿＿＿＿＿＿＿ 联系电话：＿＿＿＿＿＿＿＿＿＿

就业单位：＿＿＿＿＿＿＿＿＿＿＿＿＿＿＿＿＿＿＿＿＿＿＿邮编：＿＿＿＿＿＿＿

1. 您对学校的评价

调查项目	满意程度(请打"√")			
	满　意	比较满意	基本满意	不　满　意
工作环境				
生活条件				
薪资待遇				
个人发展				
管理机制				
发展前景				
企业文化				
用人单位总体评价				

2. 您对学校的评价

调查项目	满意程度(请打"√")			
	满　意	比较满意	基本满意	不　满　意
课程设置				
课程内容				
教学方式方法				
校风学风				
学生管理				
生活环境				
离校时掌握的工作能力				
对课程设置、学生教育管理的建议				
您的工作成果业绩				

回函地址：青海省西宁市城北区柴达木路22号，邮编810003

电话：0971－5131392　传真0971－5122242　电子邮件：qhjzybysdc@163.com

青海交通职业技术学院毕业生跟踪调查表Ⅲ 表21

为了解各位同学毕业3年后、10年后的工作情况,进一步提高学校人才培养质量,改革教学内容与课程体系,合理设置与调整专业,特开展本次毕业生跟踪调查,请给予协助,填写本表寄回母校。

姓名:＿＿＿＿＿＿性别:＿＿＿＿专业:＿＿＿＿＿＿＿＿＿＿＿＿ 毕业时间:＿＿＿＿＿＿＿＿

QQ号:＿＿＿＿＿＿＿＿＿Email:＿＿＿＿＿＿＿＿＿ 联系电话:＿＿＿＿＿＿＿＿＿＿

就业单位:＿＿＿＿＿＿＿＿＿＿＿＿＿＿＿＿＿＿＿＿＿＿＿＿＿＿＿＿＿邮编:＿＿＿＿＿＿

1. 您对学校的评价

调 查 项 目	满意程度(请打"√")			
	满 意	比较满意	基本满意	不 满 意
工作环境				
生活条件				
薪资待遇				
人际关系				
个人发展机遇				
管理机制				
发展前景				
企业文化				
用人单位总体评价				

2. 您对学校的评价

调 查 项 目	满意程度(请打"√")			
	满 意	比较满意	基本满意	不 满 意
校风、学风				
学生教育管理				
专业培养目标				
能力与素质培养				
总体感受				
您对学校专业设置、课程改革等方面的建议				
您的工作成果业绩				

回函地址:青海省西宁市城北区柴达木路22号,邮编810003

电话:0971－5131392 传真0971－5122242 电子邮件:qhjzybysdc@163.com

青海交通职业技术学院人才培养质量实时监控反馈表

表 22

接受部门(个人)签字盖章:　　　　　　　　　　　　年　　月　　日

______________(处、室、系、部、老师) 质量监控保障组于____年___月___日对______________进行了(听课、检查、座谈、调查等)。
结果如下:
请______________(处、室、系、部)于在____个工作日完成整改,并将整改情况和整改结果反馈至教育督导与科研处。

附件

青海交通职业技术学院
人才培养质量监控保障体系实施方案

（试行）

培养高端技能型人才是学院的根本任务，保障人才培养质量是育人工作的核心。为不断深化“校企合作、工学结合、德能并重”等多样化的人才培养模式，紧紧围绕学院国家骨干高职院校建设总体目标，全面实施学院、系部、企业、学生“四位一体”的人才培养质量监控保障体系运行工作，系统地对人才培养过程实施有效监控与评价，规范各个质量环节的工作流程和质量标准，提高人才培养质量，特制订本实施办法。

第一章　总　　则

一、指导思想

贯彻党和国家教育方针，以科学发展观为指导，本着“提高质量为核心、资源建设为基础、有效监控为保障、科学评价为手段、适时反馈为途径、持续改进为目的”的工作原则，全面运行人才培养质量监控保障体系，对人才培养全过程的关键因素和关键环节进行实时、定点和定期监控，完善各个质量环节的工作流程和质量标准，使人才培养质量监控保障工作规范化、制度化、常态化，确保人才培养质量稳步提高，促进学院健康持续发展。

二、实施依据

教育部《关于全面提高高等职业教育教学质量的若干意见》（教育〔2006〕16 号文件）的颁发，标志着高等职业教育的工作重心发生了根本性的转变，从重点抓规模扩张转向以内涵建设为中心，重点抓教学质量。这一转变，预示着我国的高职教育已进入以质量和特色求生存的重要时期。

教育部《高等职业院校人才培养工作评估方案》（教育〔2008〕5 号文件）指出：“高职评估旨在促进高职院校加强内涵建设，深化校企合作、产学结合的人才培养模式，逐步形成以学校为核心、教育行政部门为引导、社会参与为重点人才培养质量保障体系，促进高职教育持续、稳定、健康发展”。进一步明确了高职教育必须重视内涵质量建设，必须强化行业企业参与高职教育质量监督。

教育部《关于推进高等职业教育改革发展的若干意见》（教高〔2010〕12 号）指出：“加快完善人才培养质量保障体系，吸收行业企业参与人才培养质量评价，将毕业生就业率、就业质量、企业满意度等作为衡量人才培养质量的核心指标”。为此我们将把人才培养质量提高作为提升高职办学内涵和教学改革的方向。

国家和青海省《职业教育改革规划纲要（2010—2020）》指出：“建立健全职业教育质量保障体系，吸收企业参加教育质量评估”，是职业教育提高教学质量的重要保障。

以上一系列重要文件的出台标志着我国高等职业教育在未来相当长一段时期内，将把人才培养质量的提高作为提升高等职业院校深化教学改革，注重内涵发展的重要指导方向。

学院依照国家及教育部对保障人才培养质量提出的要求，探索创新了以学院、系部、企业、学生“四位一体”的人才培养质量监控保障体系，体系以人才培养质量目标与管理职责、资源管理、过程管理、评价与调控四部分为切入点，从学院、系部、企业、学生四个不同监控保障主体的监控视角，设计了四个部分的关键环节、质量控制点、质量要求，明确了监控保障职责，制订了质量监控保障的框架及流程，编制了相应的监控保障与评价用表，为有效实施人才培养质量监控，提高育人质量提供了基础支撑。

三、监控保障的原则

1. 质量目标和管理职责相结合

通过人才培养质量监控保障体系建设与运行，进一步明确学院办学定位和办学思路，明确各部门的职责与权限，完善工作流程和质量标准，落实工作职责，有效监控人才培养过程的关键因素和关键环节，提高人才培养过程各个环节的质量，确保人才培养质量稳步提高。

2. 部门评审与管理评审相结合

各部门要明确人才培养质量的管理职责，对人才培养的关键因素和关键环节、质量控制点实施有效监控，定期与不定期进行部门评审，在有效监控及部门评审的基础上，制订预防、纠偏措施，实现持续改进。学院在部门评审的基础上进行管理评审，对体系的运行的有效性及完整性进行评审，对人才培养质量保障体系不断提出改进建议，确保《人才培养质量监控保障体系》的适宜性、充分性和有效性。

3. 定点监控与定期监控相结合

监控保障主体、监控部门、执行部门既要采取多种形式的监控手段，对各个环节的质量控制点进行全程实时定点监控，又要定期组织管理评审和教育教学评价。定期对人才培养质量监控保障体系进行管理评审，不断完善人才培养质量监控保障体系，实现持续改进。

4. 监控评价与反馈改进相结合

监控保障主体对质量目标和管理职责、人才培养资源配置、人才培养过程管理的质量控制点的监控，客观分析、评价人才培养质量监控保障体系运行状况，对体系运行过程中存在的问题做出判断，找出症结所在，提出改进的建议，不断完善人才培养质量监控保障体系，确保人才培养质量。

四、监控形式

学院、系部、企业、学生“四位一体”的监控保障主体及监控部门对人才培养目标与管理职责、资源保障、过程管理、评价与调控采用实时、定点和定期监控，其监控的形式为：

1. 实时监控

监控保障主体、监督部门、执行部门对全院人才培养过程中的质量监控点进行实时的过程动态监控。

2. 定点监控

“四位一体”的监控保障主体、监督部门、执行部门对人才培养质量监控保障体系的质量监控点采用多种监控方式与手段进行点对点的监控。

3. 定期监控

由教育督导与科研处、教务处按照要求，定期组织对人才培养质量监控保障体系、职能部门的管理评审和教育教学评价。

第二章　组织机构及职责

一、人才培养质量监控保障组

1. 人才培养质量监控保障领导小组

组　长：李文时

副组长：段　军　刘建明　梁留元（教育厅）　刘国华（交通厅）　赵立英（财政厅）　金生光（企业）

成　员：曹立君　杨维恩　石　敏　常坚义　王海春　蒋红艳　张青基　张　伟　张冬冬　李　慧　王爱莹　刘峰军　陈湘青　熊建国　雷培宁　孙　军　李卫东　刘　风　马梅娟　季德庆　罗国玺　许　云　朱亚琪　张　宏　李　敏　李宏臣　杨　彬　李小龙　赵丽华　靳生盛　吉毛太　李元庆（企业）　赵延来（企业）　赵群萍（企业）　卢方（企业）　靳力（企业）

2. 学院人才培养质量监控保障组

组　长：李文时

副组长：段　军　刘建明　王海春

成　员：曹立君　杨维恩　石　敏　常坚义　蒋红艳　张青基　张　伟　张冬冬　李　慧　王爱莹　陈湘青　熊建国　雷培宁　李卫东　李　建　李　敏　梁　平　罗国玺　许　云　刘　风　王　荣　沈素君　朱亚琪　季德庆　孙　军　李宏臣　赵丽华　靳生盛　吉毛太　殷建国　侯海存　钱晓鸥

3. 系部人才培养质量监控保障组

（1）交通土木工程系

组　长：陈湘青

副组长：周国庆　许　云

成　员：莫延英　段国胜　尹　萍　李　捷　王占银　贾富贵（企业）

（2）汽车工程系

组　长：熊建国

副组长：黄　平　罗国玺

成　员：张　锐　李永芳　赵建宁　赵文天　李恒宾　王海峰　邹建英

（3）管理工程系

组　长：雷培宁

副组长：李志刚　朱亚琪

成　员：赵丽华　李　蕾　李　巍　张珺

（4）计算机系

组　长：孙　军

副组长：王雁海　廖春生

成　员:秦彩宁　魏　华　都桂英　夏美艺

(5)基础部、思想政治理论课研究部

组　长:李卫东

副组长:刘　风

成　员:陈　佳　苗　岩　曹　辉　陈建军

4. 企业人才培养质量监控保障组

组　长:金生光

副组长:刘国华 李元庆　周玉财

成　员:赵群萍　卢　方　靳　力　纳启财　邱　忠　赵延来　张文新　马海勤
　　　　马天秀　杨成才　张红云　刘宝太

5. 学生人才培养质量监控保障组

组长:马梅娟

副组长:李小龙　王　哲　院、系学生会主席

成员:学生若干

二、工作职责

1. 人才培养质量监控保障领导小组工作职责

(1)贯彻落实国家和青海省职业教育改革精神,牢固树立质量意识,实施人才培养质量工程。

(2)根据《中华人民共和国职业教育法》、《中华人民共和国教育督导条例》以及教育部、青海省关于职业教育改革与发展的相关政策和文件精神,依法开展人才培养质量监控保障与评价工作。

(3)制订保障和提高人才培养质量办法及措施。

(4)协调各个监控保障主体、监控部门和执行部门之间的关系。

(5)监督、指导人才培养质量监控保障体系运行工作。

(6)定期与不定期组织管理评审和教育教学评价,听取各个工作组的工作汇报,及时凝练人才培养质量监控保障体系建设成效,解决工作过程中的相关问题。

2. 学院人才培养质量监控保障组工作职责

(1)在人才培养质量监控保障领导小组的指导下,依法开展人才培养质量监控保障与评价工作。

(2)全面统筹、整体规划、制订措施、有序推进人才培养质量监控保障体系运行。

(3)逐步完善人才培养质量监控保障体系,实现持续改进。总结凝练人才培养质量监控保障体系的建设成效、示范点和推广点。

(4)监控、指导各监控保障组、监控部门、执行部门实施人才培养过程质量控制点的监控保障评价与反馈工作。

(5)定期与不定期组织实施管理评审和教育教学评价。

(6)通过人才培养质量监控保障体系运行,不断提升学院办学与行业企业及区域经济建设与发展的吻合度,提升学院服务行业企业及区域经济发展的能力。

3. 系部人才培养质量监控保障组工作职责

(1)在人才培养质量监控保障领导小组指导下,依据人才培养质量监控保障体系运行要

求,开展系部人才培养质量监控保障与评价工作。

(2)制订有关保障人才培养质量的制度和措施,对人才培养过程进行监控。

(3)定期与不定期实施管理评审和教育教学评价,逐步完善人才培养质量监控保障体系,不断提高人才培养质量,提升学生就业质量和企业满意度。

(4)通过人才培养质量监控保障体系运行,提升管理水平,稳步推进专业建设,不断提升专业建设质量与行业企业发展的吻合度和适应性。

4. 企业人才培养质量监控保障组工作职责

(1)在人才培养质量监控保障领导小组指导下,依据人才培养质量监控保障体系运行要求,开展人才培养质量监控保障与评价工作。

(2)定期与不定期参加管理评审和教育教学评价,及时反馈人才培养质量监控保障体系运行中存在的问题,不断完善人才培养质量监控保障体系,不断提高企业满意度和就业质量。

(3)通过人才培养质量监控保障体系运行,深化校企合作、工学结合、德能并重人才培养模式,逐步形成校企合作长效机制,推进校企深度融合,促进学院健康持续发展。

5. 学生人才培养质量监控保障组工作职责

(1)在人才培养质量监保障控领导小组指导下,依据人才培养质量监控保障体系运行要求,开展人才培养质量监控保障与评价工作。

(2)定期与不定期参加管理评审和教育教学评价,及时反馈学院人才培养质量监控保障体系运行中存在的问题,不断完善人才培养质量监控保障体系。

(3)通过人才培养质量监控保障体系运行,不断提升学院办学与学生自我目标实现的吻合度,提升就业质量和企业满意度。

第三章　构成与功能

一、人才培养质量监控保障体系的构成

人才培养质量监控保障体系由人才培养质量标准概要、质量监控保障框架、质量监控保障流程三部分组成。人才培养质量标准概要是学院人才培养质量监控保障工作中的基础支撑,人才培养质量监控保障框架是使人才培养质量监控保障工作正常运行的基本构架,人才培养质量监控保障流程是使人才培养质量监控保障工作中的各个工作环节得以持续、闭合、循环运行。是一个集质量目标和管理职责明确、资源有保障、过程可监控、反馈与改进为一体,逐层向下监控、逐层向上负责的“责权合一”的质量监控保障体系。

二、体系组成部分的功能

1. 人才培养质量标准概要

人才培养质量标准概要是人才培养质量监控保障体系的核心内容,明确了质量控制的关键因素、关键环节、质量控制点和监控评价方式,分为以下四个部分:

(1)质量目标和管理职责

质量目标和管理职责属于决策层面。主要功能为:根据行业企业和区域济发展的要求,决定学院的办学定位和办学思路、明确人才质量目标,规划专业布局,制订学院改革与发展的规划;明确部门管理职责与权限,规范工作程序,有序推进人才培养质量监控保障体系的运行。

(2)资源管理

资源管理功能为:建立完善的资源管理制度和教师培养(聘用)聘任、考核和奖惩等机制。不断加大基础设施和教学基本建设的投入,较好地满足教育部基本办学条件合格标准和控制办学条件;教学基本条件、师资队伍的学历、学缘、职称、素质结构能满足教育教学的需要。

(3)过程管理

过程管理功能为:以提高人才培养质量为目标,加强过程管理和实时监控,对人才培养过程主要环节的质量控制点进行全程跟踪监控与评价,尤其在专业建设、校企合作、工学结合的人才培养模式的实施,人才培养方案制定、教学改革与创新、资源建设、课程建设、招生就业、思想政治工作、学生素质拓展、课堂教学、实践教学、考试、考证、毕业设计与答辩、学籍管理和教学管理文件、档案管理进行重点监控,实施"关键环节重点监控实时反馈、一般环节有效监控适时反馈。保证过程质量,从而保证结果质量。

(4)评价与调控

监控与评价的功能为:监控保障主体、监控部门对质量控制点在监控基础上进行评价与反馈,实现人才培养过程的及时纠偏、不断完善、持续改进。

2. 人才培养质量监控保障框架

人才培养质量监控保障框架功能为:使人才培养质量监控保障工作正常运行的基本构架,它明确了保障人才培养质量的领导机构、管理机构、执行人才培养质量标准概要的工作机构及各自的职责,明确了人才培养质量的监控系统、主要监控内容以及监控部门。

3. 人才培养质量目监控保障流程

人才培养质量监控保障流程功能为:针对人才培养质量所涉及的若干关键因素和关键环节的相互关系、执行流程、质量控制点和监控评价反馈,明确程序并用流程图方式表达,使人才培养质量达到目标要求而形成的持续、闭合、循环运行过程链。

第四章　实 施 步 骤

人才培养质量监控保障体系的实施步骤分为三个阶段,即:第一阶段为人才培养质量(221)监控保障体系与"四位一体"的人才培养质量监控保障体系的衔接阶段;第二阶段为"四位一体"的人才培养质量监控保障体系形成及试运行阶段;第三阶段为运行及管理评审阶段。

第一阶段:时间为2011年1月至2011年12月。此阶段为人才培养质量(221)监控保障体系与"四位一体"的人才培养质量监控保障体系的衔接阶段,期间校企合作体制机制建设项目组成员根据国家骨干院校建设总体目标和校企合作体制机制建设要求,以问卷、调研和广泛征询多方意见的为基础,积极探索以学院、系部、企业、学生为监控保障主体的人才培养质量监控评价模式,初步形成人才培养质量监控保障体系框架。

第二阶段:时间为2012年1月至2012年12月。此阶段为"四位一体"的人才培养质量监控保障体系的形成及试运行阶段,校企合作体制机制建设项目组在不断完善人才培养质量监控保障体系内涵建设的基础上,在全院范围内全面进行体系的试运行,在管理评审的基础上形成运行报告。

第三阶段:时间为2013年1月至2013年12月。此阶段边实践、边完善,通过一轮管理评审,逐步形成较为成熟的"四位一体"人才培养质量监控保障体系。在体系运行的过程中,不断总结建设成效,凝练推广点与示范点。通过建设形成自我监控、自我完善、自我激励和自我发展的人才培养质量保障运行机制。

第五章 运行机构与职责

人才培养质量监控保障体系的领导机构是学院教务委员会；教务处学院代表教务委员会组织实施人才培养质量监控保障体系，属组织实施机构；教育督导与科研处代表学院教务委员管理监督人才培养质量监控保障体系运行，属于管理监督机构；系教务委员会、各部门具体执行人才培养质量监控保障体系运行，属于工作机构，在人才质量监控保障体系运行中的职责分别是：

1. 学院教务委员会工作职责

教务委员会主任是人才培养质量监控保障工作的第一责任人，对院长负责，其职责是：

(1)统一领导学院人才培养质量监控保障体系的制订、实施。

(2)监督、指导监控保障主体及监控部门实施人才培养质量监控保障体系运行工作。

(3)制订有关保障和提高人才培养质量以及管理评审的制度和措施。

(4)定期对人才培养质量监控保障体系、职能部门和各系部进行管理评审和教育教学评价。

2. 教务处工作职责

教务处处长是组织实施人才培养质量监控保障体系运行的第一责任人，对分管院长负责，其职责是：

(1)制订总体运行规划、实施方案和保障措施；有序开展人才培养质量监控保障体系的运行工作。

(2)领导各个监控保障主体、监控部门、执行部门实施人才培养质量体系的运行。

(3)制订有关保障和提高人才培养质量的指导性文件及措施。

(4)组织建立人才培养质量监控保障体系运行过程的资料档案。

(5)完成教务委员会交办的其他任务。

3. 教育督导与科研处工作职责

教育督导与科研处处长是人才培养质量监控保障体系运行管理监控的第一责任人，对分管院长负责，其职责是：

(1)主持人才培养质量监控保障体系的制订与修订。

(2)制订有关保障和提高人才培养质量的指导性文件及措施。

(3)监督、指导执行部门实施人才培养质量监控保障体系的运行工作。

(4)在教务委员会的领导下，组织管理评审、教育教学评价。

(5)汇总、统计各监控保障主体、监控部门及执行部门等提交的有关表格、数据、报告、反馈意见及建议，并对其进行科学分析，形成结果与结论，上报教务委员会，妥善处理后反馈给被监控部门。

(6)组织建立学院人才培养质量监控保障体系运行过程的资料档案。

(7)完成教务委员会交办的其他任务。

4. 系教务委员会工作职责

(1)在院教务委员会的领导下开展人才培养质量监控保障体系的运行和持续改进工作。

(2)制定部门人才培养质量监控保障体系实施计划，编制实施方案，组织人才培养质量监控保障体系的运行。

(3)负责系部的管理评审、教育教学评价。

(4)汇总系部人才培养质量监控保障体系运行中的有关表格、数据、报告等信息并及时上报。

(5)根据监控保障主体和监控部门反馈信息持续改进各项工作,提高工作质量。

(6)完成教务委员会交办的其他任务。

5.部门工作职责

部门负责人是人才培养质量监控保障体系有效运行的第一责任人,对分管院领导负责。其职责是:

(1)在教务处和教育督导与科研处的领导和管理下开展工作,依据部门工作任务和管理职责以及质量控制点,制订相应的质量指标和工作流程,完善标准。

(2)制订部门人才培养质量监控保障体系运行的实施计划、实施方案并组织实施。

(3)组织实施部门评审、教育教学评价,进行自我监控、自我管理、自我激励和自我完善。

(4)根据监控保障主体、监控部门的反馈意见和建议进行改进。

(5)建立部门人才培养质量监控保障体系运行过程的资料档案。

第六章 运行管理

一、学院人才培养质量监控保障体系运行

(一)质量目标和管理职责

1.办学定位和办学思路

办学定位和办学思路项目的责任人是院长,由教务委员会、院长办公室、党委办公室、计划财务处具体执行;项目监控责任人是教育督导与科研处处长,由监控保障主体、教育督导与科研处具体监控。

(1)教务委员会、党委办公室、院长办公室、计划财务处在执行本项目中应做好以下工作:

①贯彻落实党和国家教育方针,紧盯行业企业及区域经济发展,坚持"立足交通、面向社会,培养适应交通建设和经济社会发展需要的生产、建设、服务、管理一线高端技能型人才"的办学定位;坚持以服务为宗旨,以就业为导向,以质量求生存,以特色求发展,走产学研结合的发展之路的办学思路,为行业及社会发展提供全方位技术服务和智力支持。

②以"跨越发展、绿色发展、和谐发展、统筹发展"为指导,落实"科教兴青、科教兴交"战略。

③坚持依法治校与以德治校相结合,从严执教,严谨治学。

④以国家示骨干高职院校建设为契机、以青海交通运输职业教育集团为平台、以专业建设委员会为纽带,形成"人才共育、过程共管、成果共享、责任共担"的紧密型合作办学体制机制。

⑤坚持以服务为宗旨,以就业为导向,以质量求生存,以特色求发展,走产学研结合的发展之路。

⑥转变职业教育观念,创新教育模式,深化教育教学改革,提高人才培养质量和办学水平。

⑦制订相应的政策和措施,保证相应的"人、财、物"的投入,满足人才培养的需求。

⑧党委办公室、院长办公室根据反馈意见及建议，提出修订后的学院办学地位、办学思路，教务委员会审定后提交学院职代会。

(2)监控保障主体、教育督导与科研处在执行本项目中应做好以下工作：

①监控学院办学定位和办学思路的落实。

②监控人才培养模式创新，落实国家职业教育改革。

③监控校企合作机制建设。

④将办学定位和办学思路项目管理建设情况的监控评价结果按流程分析、评价与反馈。

⑤被监控部门根据反馈信息做好办学定位和办学思路项目的持续改进工作。

2. 质量目标

质量目标项目的责任人是分管院领导，由学院教务委员会、各部门具体执行；项目监控责任人是教育督导与科研处处长，由监控保障主体、教育督导与科研处具体监控。

(1)学院教务委员会、各部门在执行本项目中应做好以下工作：

①根据学院办学定位和办学指导思想，明确“以提高质量为核心，注重内涵发展，不断深化高等职业教育改革，全面提高人才培养质量，培养德智体美全面发展的中国特色社会主义事业建设者和接班人”的质量方针。

②依据学院质量方针，制订本系部、制定本部门质量目标和指导思想。

③各系部依据学院质量方针，制订人才培养目标。

④树立质量意识，创新管理模式，深化学院内部人事管理制度改革。

⑤坚持科学创新，遵循教育发展规律，更新教育管理理念，提高办学水平和社会满意度。

⑥加强专业建设，深化人才培养模式，努力提升管理水平和人才培养质量。

⑦进一步拓展和提升社会服务能力。

⑧加强校企合作文化建设，创建平安、和谐校园，营造良好的校园文化氛围，提高广大师生员工的对学院的归属感、自豪感和使命感。

(2)监控保障主体、教育督导与科研处在执行本项目中应做好以下工作：

①监控各部门质量目标、实施质量目标的指导思想和人才培养目标的落实。

②监控专业建设质量。

③监控学院内部人事管理制度改革情况。

④监控办学水平和社会满意度。

⑤监控校企合作文化建设。

⑥将质量目标项目管理建设情况的监控结果分析、评价并按流程进行反馈。

⑦被监控部门根据反馈信息做好质量目标项目的持续改进工作。

3. 专业设置

专业设置项目的责任人是教学副院长，由教务处、招生就业指导中心、各系部具体执行；项目监控责任人是教育督导与科研处处长，由监控保障主体、教育督导与科研处具体监控。

(1)招生就业指导中心、教务委员会在执行本项目中应做好以下工作：

①以多种形式及时对行业企业及区域经济发展人才需求进行调研；对毕业生的就业率、就业质量、企业满意度等指标进行调研，撰写调研报告，指导各系部做好此项工作。

②根据调研信息与分析，把行业企业需求、学生需求和企业满意度作为衡量人才培养质量的标准。按照“市场有需求、办学有条件、质量有保障、就业有出路”的原则设置专业，形成结构合理、特色鲜明的专业布局。

③紧盯行业企业和区域经济发展,依据"稳定长线专业、发展强势专业、打造品牌专业、淘汰弱势专业、开发新兴专业"专业调整原则,制订学院专业结构调整方案,报教务委员会批准后实施。

(2)教务处在执行本项目中应做好以下工作:

①制订专业建设规划。

②制(修)订新专业申报和专业调整的有关规定。

③组织对各系部申报的新专业方案进行初审,并提出初审意见,报学院教务委员会审批。

④教务委员会负责审核学院的专业设置规划和调整方案,并提出专业结构调整的意见及建议,并对新专业的申报材料提出初审意见。

⑤突出教学中心位置,加大教育教学改革投入,基础设施和人力资源基本满足育人需求。

(3)各系部在执行本项目中应做好以下各项工作:

①在教务处、招生就业指导中心的指导下对毕业生的就业率、就业质量、就业对口率、企业满意度等指标进行调研,撰写调研报告。

②根据调研信息与分析,制订本各系部专业设置与调整的方案,报教务处。

③根据学院专业调整的相关规定,做好专业调整与新专业申报的准备工作;按照上级部门专业调整的统一时间,及时进行专业布局的调整工作。

④通过专业结构的调整,形成以重点专业为龙头,带动专业群协调发展的专业布局。

(4)监控保障主体、教育督导与科研处在执行本项目中应做好以下工作:

①监控学院专业设置依据是否科学合理,专业布局是否不断优化。

②监控专业申报是否符合教育行政部门的要求。

③将专业设置项目管理建设情况的监控结果分析、评价,并按流程进行反馈。

④被监控部门根据反馈信息做好专业设置项目持续改进工作,并作为下一轮学院调整专业布局的依据。

4. 职责与权限

职责与权限项目的责任人是院长,由教务委员会、各部门具体执行;项目监控责任人是教育督导与科研处处长,由监控保障主体、教育督导与科研处具体监控。

(1)教务委员会在执行本项目中应做好以下工作:

①明确人才培养质量监控保障工作中各部门的职责与权限。

②制订相关工作制度,建立沟通机制,建立、规范工作流程,做好部门之间的沟通与交流。

③定期与不定期召开各部门之间的沟通会议,对相关工作进行沟通与协商,创设良好的人才培养质量监控保障体系的运行环境。

④每年年底召开专题会议,对年度(学年)人才培养质量监控保障工作进行总结与交流,对下一年度(学年)的人才培养质量监控保障工作进行布置。

(2)各部门在执行本项目中应做好以下工作:

①准确把握部门定位明确部门职责与权限,细化岗位职责,规范工作流程。

②建立、完善部门规章制度并严格执行。

③发扬团结精神,顾全大局,做好部门与部门之间、部门内部的沟通与协调。

④按时参加学院的各种沟通协调会议,执行会议决定和工作制度。

⑤积极创设良好的人才培养质量监控保障体系的运行环境。

(3)监控保障主体、教育督导与科研处在执行本项目中应做好以下工作:

①监控教务委员会指导各部门工作的落实情况。

②监控部门定位的准确性、职责与权限的落实情况。

③将职责与权限项目管理建设情况的监控结果分析、评价,并按流程进行反馈。

④被监控部门根据反馈信息做好将职责与权限项目持续改进工作。

(二)资源管理

1. 人力资源管理

人力资源管理项目的执行责任人是分管院领导,由人事劳资处、教务处、各系部等部门具体执行;项目监控责任人分管院领导,由监控保障主体、人事劳资处、教务处、各系部具体监控。

(1)人事劳资处在执行本项目中应做好以下工作:

①制订师资队伍建设规划。

②建立师资队伍建设激励机制;落实师资队伍建设规划。

③完善教师资认定及评聘管理办法,负责教师资格认定及考核工作。

④及时开展教师及专业技术人员职称晋升、评聘及企业顶岗管理工作。

⑤制订教师教学能力提升计划、职工培训计划并组织实施。

⑥落实师资队伍建设"双百工程"建设计划,有序推进"双百工程"建设。

⑦对专业带头人、骨干教师进行选拔、培养、聘用并行管理与考核。

⑧通过建设,使兼结合的师资队伍规模、学缘、学历、职称专兼职教师比例等满足国家相关要求和教学的需要。

⑨加强师德师风建设;完善教师工作业绩考核办法并注重建设实效,落实建设结果:

a. 制订教师轮训计划,实现教师到企业顶岗锻炼,两学年内累计不少于两个月。

b. 师生比达到国家基本办学要求;具有研究生学位教师占专任教师的比例为15%;具有高级职务教师占专任教师的比例为20%。

c. 专业教师中双师素质比例达到90%(骨干校建设任务)。

d. 聘请行业企业的专业人才和能工巧匠到学院担任兼职教师,承担专业课学时比例达到50%(骨干校建设任务)。

e. 辅导员与学生比例按1:200配备。

(2)教务处在执行本项目中应做好以下工作:

①根据学院师资队伍建设规划,拟定师资队伍建设计划及实施方案,并组织实施。

②落实师资队伍建设的各项规章制度。

③制订教师教学能力提升计划;指导、监控教师保质保量地完成教学任务。

④制(修)订专兼职教师工作业绩的考核评价及奖惩制度。

⑤对专业带头人、骨干教师进行选拔、培养、聘用、管理与考核。

⑥制(修)订主讲教师资格认定以及主讲教师的授课规定。

⑦落实师资队伍建设"双百工程"建设计划,有序推进"双百工程"建设。

⑧教师教学事故的认定与处理。

⑨注重建设实效,落实师资队伍建设成效。

(3)各系部在执行本项目中应做好以下工作:

①落实学院师资队伍建设的各项规章制度。

②依据学院师资队伍建设规划,制订系部的师资队伍建设规划。

③制订师资队伍建设计划和实施方案,并组织实施。

④落实师资队伍建设"双百工程"建设计划,有序推进"双百工程"建设。

⑤对专业带头人、骨干教师进行选拔、培养、聘用、管理与考核。

⑥落实主讲教师资格认定以及主讲教师的授课管理;做好专兼职教师工作业绩考核。

⑦指导教师进行自我评价、自我激励、自我完善。

⑧注重建设实效,落实师资队伍建设结果。

(4)监控保障主体、人事劳资处、教务处、各系部在执行本项目中应做好以下工作:

①对人力资源各质量监控点进行实时、定点、相互监控。

②监控师资队伍各项建设指标是否满足教育教学需要,各项重要指标是否满足教育部要求。

③监控师资队伍建设质量。

④将师资队伍项目管理建设情况的监控结果分析、评价并按流程进行反馈。

⑤被监控部门根据反馈信息做好改进工作,并对下一阶段师资队伍建设规划提出建议。

2. 办学经费管理

办学经费管理项目的执行责任人是分管院领导,由计划财务处、工会、监察处、各部门具体执行;项目监控责任人是教育督导与科研处处长,由监控保障主体、教育督导科研处具体监控。

(1)财务处在执行本项目中应做好以下工作:

①管理制度健全、资金使用程序合理,无违规违法使用经费的情况。

②制订年度办学经费预算,并予以公布。

③保障教育教学经费的投入满足育人需要。

④经费投入和使用公开、透明,使用合理,并保障资金安全。

⑤指导、监督各部门经费二级预算、各建设项目的资金预算与使用。

⑥指导、监督相关部门做好奖、助工作。

⑦年终公布本年度资金收入与执行情况。

(2)工会、监察处、各部门在执行本项目中应做好以下工作:

①按照计划财务处的经费预算,制订本部门经费预算,定期核对本部门资金使用情况。

②在计划财务处的指导下管好、用好各项资金,并保障资金安全。

③充分发挥职代参政议政作用,监督资金的预算及使用。

④用于各项建设项目的资金,要按照建设进度完成资金的使用,监察处全程跟踪资金使用与合同履行情况。

(3)各监控保障主体、教育督导科研处在执行本项目中应做好以下工作:

①监控办学经费投入使用。

②监控教育教学经费投入是否满足要求。

③监控经费二级预算、各建设项目的资金执行情况。

④将办学经费管理项目管理建设情况的监控结果分析、评价并按流程进行反馈。

⑤被监控部门根据反馈信息做好改进工作,计财处在制订下一年度的办学经费预算计划时应考虑评价结果。

3. 设施建设与管理

设施建设与管理项目的执行责任人是分管院领导,由后勤管理处、教务处、计划财务处、图书馆、网络信息中心、各系部等部门具体执行;项目监督责任人是分管院领导,由监控保障主体、勤管理处、计划财务处、教务处、图书馆、网络信息中心、各系部教育督导与科研处具体监督。

(1)后勤管理处在执行本项目中应做好以下工作:

①制订设施建设、维修管理办法及流程,并组织实施。

②按照学生规模和现有资源,做好教室、实训室及实训基地、宿舍等用房的使用安排,做好实时修缮工作。

③对资校内外实习实训资源进行管理,合理规划、安排资源的有效利用,以最优化的方式发挥现有资源的最大利用率。

④教学设施的建设能满足办学的要求,符合教育部关于印发《普通高等学校基本办学条件指标(试行)》的通知的基本办学条件合格标准和监测办学条件指标要求。

(2)教务处、图书馆、网络信息中心在执行本项目中应做好以下工作:

①制(修)订教育技术设施、教学仪器设备、图书购置建设与购置计划,按程序批准后组织实施。

②经常性地对教学仪器设备进行保养和维修,保持良好的运行状态。

③加强校内外实训场所和实训基地的内涵建设。

④制订体育设施建设规划并组织实施。

⑤图书馆馆藏资源满足教学、学习、科研、专业建设的需要。

⑥构建良好的数字化资源,为创新教学形态提供良好基础。

⑦分析资源现状及存在问题,及时与相关部门沟通,实时解决问题,保障教学运行。

⑧制订相关措施,发挥现有资源的最大利用率。

(3)计划财务处在执行本项目中应做好以下工作:

①指导设备采购部门做好资金预算,合理使用资金。

②在现有条件下,全力保障教学设施建设及维修所需资金。

(4)监控保障主体、勤管理处、计划财务处、教务处、图书馆、网络信息中心、各系部教育督导与科研处部门在本项目中应做好以下工作:

①后勤管理处、计划财务处、教务处、图书馆、网络信息中心、各系部在执行设施建设与管理项目中互相监控。

②实时监控教学仪器设备的完好率和利用率。

③监控现有资源的利用情况。

④监控基本办学条件合格标准和监测办学条件指标是否满足要求。

⑤将设施建设管理项目管理建设情况的监控结果分析、评价并按流程进行反馈。

⑥被监控部门根据反馈信息做好改进设施建设管理项目工作。

4. 教学基本建设管理

教学基本建设管理项目的执行责任人是教学副院长,由教务处、各系部、实训基地管理处具体执行;项目监控责任人是教育督导与科研处处长,由监控保障主体、教育督导与科研处具体监控。

(1)教务处在执行本项目中应做好以下工作:

①制订学院专业建设规划;制订专业建设管理办法,采取有效措施落实专业建设规划。

②凝练专业特色,校企共同打造品牌专业。

③探索实践“校企合作、工学结合、得能并重”多样化的人才培养模式,实施“满足项目载

体、任务驱动学生主体”，“教、学、做”一体的教学模式。

④制订课程考核办法，进行课程考核成绩统计分析，按专业、按班级进行学生成绩分析，要求班级学生各门课程考核合格率不低于95%。

⑤进行各类考证统计分析，要求专业技能获证率达98%以上，毕业生双证获取率达98%以上。

⑥制订体育与健康教育计划，实施学生体质健康标准，要求学生体质健康测试合格率达98%。

⑦探索建立“校中厂”、“厂中校”实习实训基地；实训基地建设能满足60%以上学生半年顶岗实习、实训需要，基地就业学生不少于实习学生的40%。

⑧指导系部利用信息技术，创新教学形态。

⑨指导各系部进行专业建设并进行管理，着力打造特色鲜明的品牌专业。

⑩牢固树立质量意识，建立质量工程项目管理制度，推进质量工程项目、专业教学资源、优质核心课程等项目建设。

⑪会同教育督导与科研处制订课程建设规划，课程建设管理办法，优质核心课程（精品课程）评价标准并组织实施。

⑫课程定位准确，课程体系构建、课程标准符合岗位需求，体现课、岗、证融通。

⑬建设优质专业建设资源，利用网络平台，实现优质资源共享，为职教集团成员单位、教师和学生提供服务。

⑭制订教材建设规划和教材建设管理办法，鼓励教师与企业共同开发“工学结合”的特色教材。

⑮全部课程选用近5年内出版的教材，其中近3年出版（或自编）教材的比例≥80%；重点建设专业工学结合特色教材使用率达30%。

⑯实践教学体系符合人才培养的要求，实践教学学时占总学时50%。

⑰80%的实训室建设成生产性，校内实训中心建设成集教学、培训、技能鉴定、生产和科技服务为一体的共享型实训中心。

⑱按照人才培养方案实践教学要求，足额开出实验实训项目；校内生产性实训平均比例达60%，设备使用率达98%。

⑲制订实践教学管理、社会实践等相关制度，切实提高教师和学生的实践技能。

⑳制订相应的管理制度，确保专业建设健康持续发展，进而推进学院发展。

(2)各系部、实训基地管理处在执行本项目中应做好以下工作：

①根据学院办学理念和指导思想，明确专业定位。

②加强各系部管理，制订相关措施，落实学院办学指导思想。

③按照学院专业建设、质量工程建设、专业教学资源、优质核心课程、等要求，落实各项建设任务。

④充分发挥职教集团的平台作用和专业建设委员会的纽带作用，以项目推进校企合作的深度融合；校企联合打造具有行业特色的品牌专业。

⑤深化“校企合作、工学结合”的人才培养模式。

⑥推进校企合作、工学结合的运行机制建设。

⑦利用现代信息技术，创新教学形态。

⑧将专业教学资源建设、优质核心课程、精品课程建设成为教师、学生和青海交通运输职

业教育集团成员单位共享资源。

⑨加强实践教学的管理,提高实践教学的质量。

⑩适时向相关专业公布生产性实训基地及服务机构教师、学生轮岗和实践岗位数量,并妥善组织安排实践教学工作。

(3)监控保障主体、教务处、教育督导与科研处在执行本项目中应做好以下工作:

①实时监控教学基本建设所需经费投入与使用情况。

②监控教学基本建设管理情况。

③监控专业建设的效果。

④监控校内外实训基地的建设情况。

⑤监控校企合作的运行情况。

⑥将设施建设管理项目管理建设情况的监控结果分析、评价并按流程进行反馈。

⑦被监控部门根据反馈信息做好设施建设管理项目改进工作。

5. 教学改革与研究

教学改革与研究项目的执行责任人是主管教学副院长,由教务处、教育督导与科研处、计划财务处、各部门具体执行;项目监督责任人是教育督导与科研处处长,由监控保障主体、教育督导与科研处具体监督。

(1)教务处、教育督导与科研处、各系部在执行本项目中应做好以下工作:

①制订年度教学改革与研究工作计划,有计划、有步骤稳步推进学院教学改革与研究工作。

②建立教学改革与研究的激励机制,鼓励教师积极参与教学改革与研究。

③制(修)订教学改革与研究项目指南,指导教师进行教学改革与研究工作。

④积极创设良好的教育教学改革氛围,各系部积极承担国家、省、院级专业、实训基地、教学团队、课程等建设项目建设。

⑤储备学院级别一定数量的建设项目,为申报更高一级教育教学改革项目打好基础。

⑥负责教学改革与研究项目的立项、评审及管理工作。

⑦每学期开展的学术活动不少于1次。

⑧各系部有国家、省、院级专业、实训基地、教学团队、课程等建设项目,总数占全院在建项目的30%以上。

⑨每年获得2项厅级以上的奖励,教师获得4项厅级以上的奖励,学生获得4项厅级以上的奖励。

(2)计划财务处在执行本项目中应做好以下工作:

①统筹安排教学改革与研究项目资金的投入。

②指导各个教学改革与研究项目自资金的使用,并确保资金安全。

(3)监控保障主体、教育督导与科研处在执行本项目中应做好以下工作:

①监控教学改革与研究项目的实施和资金使用情况。

②对教学改革与研究项目的效果进行评价。

③将教学改革与研究项目管理建设情况的监控结果分析、评价并按流程进行反馈。

④被监控部门根据反馈信息做好教学改革与研究项目改进工作。

6. 社会服务建设与管理

社会服务建设管理项目的责任人是分管院领导，由实训基地管理处、教务处、各系部、计划财务处具体执行；项目监控责任人是执行部门责任人，由监控保障主体、教育督导与科研处具体监控。

(1)实训基地管理处、教务处、各系部、财务处在执行本项目中应做好以下工作：

①依据学院“十二五”发展规划和“十二五”专业建设规划，按照“校企一体”的建设要求，制定生产性实训基地及服务机构建设与管理规划。

②进一步完善“校中厂”、“厂中校”的实训基地及服务机构建设与管理。

③发挥生产性实训基地及服务机构的“试验田”作用，建立校企合作运行机制。

④利用专业优势，进行职业培训、技能鉴定、技术服务，不断提升社会服务功能。

⑤制订校企合作项目管理办法，逐步完善校企合作项目管理。

⑥教务处、各系部要制定发展建设规划，拓宽合作交流渠道，按照国家骨干院校建设要求，加强国内外合作与交流，并积极组织实施。

⑦系部每学年开展1次以上的交流与合作工作，合作项目3个以上。

⑧制定相关措施，做好社会服务的收入管理。

(2)监控保障主体、教育督导与科研处在执行本项目中应做好以下工作：

①监控规划、计划、实施等项目的落实情况。

②监控建设与管理的成效。

③监控校企合作机制建设。

④监控合作交流情况。

⑤监控项目管理等情况。

⑥将教学社会服务项目管理建设情况的监控结果分析、评价并按流程进行反馈。

⑦被监控部门根据反馈信息做好改进工作。

(三)过程管理

1.人才培养方案

人才培养方案项目的责任人是教学副院长，由教务处、各系部具体执行；项目监控责任人是教务委员会主任，由监控保障主体、教育督导与科研处具体监控。

(1)教务处在执行本项目中应做好以下工作：

①围绕行业企业和区域经济发展人才需求和学院办学指导思想，依据国家和教育部的相关要求制订人才培养方案的指导原则。

②制订人才培养方案编制与审核流程并严格执行。

③组织、指导各系部制(修)订人才培养方案，并进行初审。

④根据初审修改意见修改后，提交教务委员会审核。

⑤制订相关管理制度，指导系部有效实施人才培养方案。

(2)各系部在执行本项目中应做好以下工作：

①依据学院人才培养方案的指导原则，编制人才培养方案。

②人才培养方案体现行业特色，课程体系体现“课、岗、证”融通，教学模式体现“工学结合”、课程实施体现“教、学、做”一体。

③按照审核流程，审批人才培养方案，批准后方可实施。

④制订相关措施，有效实施人才培养方案。

(3)监控保障主体、教育督导与科研处在执行本项目中应做好以下工作：

①监控人才培养方案的制(修)订和实施工作。

②监控才培养方案是否体现校企共同开发，人才培养目标是否符合企业用人需求。

③课程体系构建是否符合职业教育改革要求，关键的比例关系是否合理。

④学时、学分、理论课与实践课的比例、生产性实践课时等相关要素是否满足教育部的要求。

⑤将教学改革与研究项目管理建设情况的监控结果分析、评价并按流程进行反馈。

⑥被监控部门根据反馈信息做好改进工作，并将反馈信息作为修订人才培养方案的依据。

2. 招生与就业

招生与就业项目的责任人是学院党委副书记，由招生就业指导中心、各系部具体执行；项目监控负责人是与招生就业工作相关的分管院领导，由监控保障主体、监察处具体监控。

(1)招生就业指导中心在执行本项目中应做好以下工作：

①根据省教育厅下达的招生指标，制订学院招生计划；制订招生录取工作制度及工作流程。

②多形式、多手段、多层面开展招生宣传工作，并提供良好咨询服务。

③新生录取工作阳光、透明。

④会同监察处、学工处、医务所在新生报到后，依据复查工作的要求和规定，进行复查工作。

⑤按照教育部要求，将就业与创业教育课程纳入课程体系，积极开展就业与创业指导及毕业生推荐工作。

⑥优先向校企合作单位推荐优秀的毕业生。

⑦召开多种形式的双选会，适时公布就业岗位信息和毕业生信息，为毕业生提供毕业生人数2倍以上的就业岗位。

⑧做好应届及往届毕业生的跟踪调查工作，每年走访学生顶岗实习(就业)基地不少于合作企业的60%。

(2)各系部在执行本项目中应做好以下工作：

①根据学院招生计划，制订本系部招生计划，报送招生就业指导中心。

②做好招生宣传和咨询工作。

③利用顶岗实训监控平台、职教集团网站发布毕业生信息。

④开展学生的就业创业教育。

⑤召开多种形式的双选会，适时公布就业岗位信息和毕业生信息。

(3)监控保障主体、监察处在执行本项目中应做好以下工作：

①监控招生就业工作的全过程。

②将招生就业项目管理建设情况的监控结果分析、评价并按流程进行反馈。

③被监控部门根据反馈信息做好改进工作，并将反馈信息作为下一年招生就业计划制订的依据。

3. 人才培养过程

人才培养过程项目的执行责任人是分管院领导，由教务处、学生工作处、各系部、党委办公室、团委、保卫处、后勤管理处等主要部门具体执行；人才培养过程项目监控责任人是教育督导与科研处处长、学生工作处处长，由监控保障主体、学生工作处、教育科研与督导处具体监控。

(1)教务处在执行本项目中应做好以下工作：

①加强教育教学管理队伍建设，提高管理水平。

②制(修)订教育教学运行与管理规章制度，规范人才培养过程的各个环节的工作流程，不断提升教育教学的管理质量。

③完善教育教学院系二级管理制度，落实管理责任。

④加强教育教学管理，对人才培养过程进行实时检查、按照教学运行过程的质量监控点实时进行点对点的检查、定期开展管理评审和教育教学评价，达到自我完善、自我激励和自我提高的目的。

⑤评定、分析学生学习成绩，对一定门数不合格成绩的学生实施成绩预警。

⑥完善学籍管理、毕业资格审查等办法及流程。

⑦做好入学注册、学年注册、学历注册等管理工作。

⑧做好休学、复学、退学、转学、转专业、降留级等学籍异动工作。

⑨引导教师不断创新教育教学手段，提升教育教学能力。

(2)各系部、学生工作处、党委办公室、团委、保卫处、后勤管理处在执行本项目中应做好以下工作：

①加强学生管理队伍建设，提升管理水平。

②加强学生干部选拔与管理，提高学生的自我管理能力。

③创新学生管理工作方法，加强学生管理，促进学风建设，不断提高教育教学质量。

④制(修)订学生思想道德教育、综合素质和心理健康教育的要求、规定以及工作计划。

⑤有计划的组织开展思想政治课、国防教育教育、社会实践、综合素质提高等工作。

⑥制订爱国主义、感恩诚信、社会实践、国防教育等教育计划并组织实施。

⑦制订学生党员培养流程，要求申请入党学生数占学生总数的40%以上。

⑧制订、实施爱国主义、感恩诚信等教育计划。

⑨制订、实施心理健康教育与心理咨询计划。

⑩制订学生安全应急预案并对预案每学年进行推演。

⑪制订学生党员培养流程，申请入党学生数占学生总数的40%以上。

⑫加强学生管理，要求学生出勤率达95%以上(含请假)。

⑬辅导员工作测评满意率达90%以上。

⑭依照相关规定，开展学生奖助工作，规范工作流程，做到公开、公正、公平，发放及时。

⑮开展社团、科技、文娱活动和社会实践等各项实践育人活动。

⑯制订学生安全应急预案并对预案每学年进行推演。

⑰对学生进行安全、法制教育每年不少于2次。

⑱保障学生利益，做好学生校方责任保险、顶岗实习保险和医疗保险等工作。

⑲配合相关部门，制订学生就业及创业方案并组织实施。

⑳推进校企合作文化建设，营造良好的校园文化氛围。

(3)监控保障主体、学生工作处、教育科研与督导处在执行本项目中应做好以下工作：

①监控教育教学和学生管理工作以及管理效果。

②监控教学过程和主要环节的质量。

③监控顶岗实习、社会实践活动的质量。

④监控检查课外活动、运动训练开展情况。

⑤监控学籍管理的情况。

⑥将培养人才过程项目管理建设情况的监控结果分析、评价并按流程进行反馈。

⑦被监控部门根据反馈信息做好改进工作,并将反馈信息作为下一年招生就业计划制订的依据。

4. 教学文件档案管理

教学文件档案管理项目的执行责任人是教务处处长,由教务处、院长办公室、各系部具体执行;项目监控责任人是教育督导与科研处处长,由教育督导与科研处具体监控。

(1)教务处、院长办公室在执行本项目中应做好以下工作:

①制(修)订教育教学文件管理办法。

②指导各系部按教学文件归档要求和规定进行教学文件的归档立卷工作。

(2)各系部在执行本项目中应做好以下工作:

①及时收集教学过程资料。

②根据学院教育教学文件归档要求和规定,做好教学文件、教学管理文件、教学成果、试卷、毕业设计(论文)等资料的归档工作。

(3)教育督导与科研处在执行本项目中应做好以下工作:

①监控教学文件档案管理工作质量。

②监控教学文件档案是否齐全规范。

③是否采用先进的管理手段立卷归档,便于档案的查找和利用。

④将教学文件档案管理项目建设管理情况的监控结果分析、评价并按流程进行反馈。

⑤被监控部门根据反馈信息做好改进工作。

(四)评价与调控

1. 监控

监控项目的执行责任人是分管院领导,由各部门、监控保障主体具体执行,在执行本项目中应做好以下工作:

(1)各部门在执行本项目中应做好以下工作:

对质量目标和管理职责、资源管理、过程管理、不合格控制与毕业生资格审查项目建设进行检查并对其进行管理评审,形成检查记录和评审报告,提交教育督导与科研处。

(2)监控保障主体在执行本项目中应做好以下工作:

①在部门自评的基础上对质量目标和管理职责、资源管理、过程管理、不合格控制与毕业生资格审查项目建设进行实时、定点、定期监控。

②将监控建设项目监控结果分析、评价并按流程进行反馈。

③被监控部门根据反馈信息做好改进工作,并将反馈信息作为改进工作质量的依据。

2. 分析与评价

分析与评价项目的执行责任人是分管院领导,由招生就业指导中心、教务处、各系部具体执行;项目监控负责人是相关职能部门负责人,监控保障主体、相关职能部门做好分析与评价。

(1)招生就业指导中心、教务处在执行本项目中应做好以下工作:

①制订生源质量分析指标及原则,从不同的角度对生源结构与质量进行分析与评价。

②指导各系部对本系部的生源结构与质量进行分析与评价,作为专业建设与因材施教的依据。

③制订毕业生就业率和就业质量分析指标及原则，并跟踪应、往届毕业生对此项指标进行分析与评价，作为专业调整和招生计划的参考依据。

④制订毕业生创业成效分析指标及原则，收集毕业生成长案例，并进行分析与评价，作为创业就业教育的素材。

⑤从企业用人需求的角度，制订毕业生社会满意度调查分析指标和原则，经常性地开展此项工作，对其调查结果进行分析与评价，作为人才培养目标制订的重要依据。

(2)各系部在执行本项目中应做好以下工作：

①在招生就业中心的指导下对本系部生源结构与质量进行分析与评价，作为因材施教及学生管理的依据。

②对学生学业成绩进行分析与评价。

③对本系部学生就业率和就业质量进行分析与评价，作为系部专业布局调整的重要依据。

④对本系部毕业生创业成效进行分析与评价，收集毕业生成长案例。

⑤对本系部毕业生社会满意度进行分析与评价，作为人才培养目标制订的参考依据。

⑥在教务处的指导下依据学院课程管理的要求做好系部层面工作。

(3)监控保障主体及监控部门在执行本项目中应做好以下工作：

①对生源质量、学业成绩、就业率与就业质量、毕业生创业与成效、毕业生社会满意度在全院汇总评价分析的基础上进行评价分析。

②对不同的质量控制点，以定性和定量的形式提出结果和结论。

③监控学业成分析的情况。

④将分析与调控项目的分析与评价按流程进行反馈。

⑤被监控部门根据反馈信息做好改进工作，并将反馈信息作为改进工作质量的依据。

3. 管理评审

管理评审项目的执行责任人是教务委员会主任，由教育督导与科研处、各系部、各部门具体执行；项目监控负责人是相关职能部门负责人，监控保障主体及监控部门具体执行。

(1)教育督导与科研处、各系部、各部门在执行本项目中应做好以下工作：

①定期组织对人才培养质量保障体系、各系部、各部门进行各级管理评审。

②教育督导与科研处每年(学年)末组织对人才培养质量监控保障体系、各系部、各部门进行管理评审，提出改进意见，完善人才培养质量监控保障体系，规范工作流程，提高工作质量。

③对部门进行管理评审，各系部、各部门按照规定的时间在评审前做好自评，并按规定的时间提交自评报告。

④教育督导与科研处将管理评审的结论和意见反馈给被评审部门。被评审部门应根据反馈的评审结论制定改进措施，做好改进工作，并报教育督导与科研处备案。

(2)监控保障主体及监控部门在执行本项目中应做好以下工作：

①监控各系部、各部门的内部管理评审工作。

②教育督导与科研处监控人才培养质量监控保障体系运行的工作流程及质量。

③将管理评审项目的分析与评价按流程进行反馈。

④被监控部门根据反馈信息做好改进工作，并将反馈信息作为改进工作质量的依据。

4. 教育教学评价

教育教学评价项目负责人是分管教学副院长，由教育科研督导处、教务处、各系部、各部门具体执行；监控责任人是教育督导与科研处处长，监控保障主体教育督导与科研处具体监控。

(1)教务处、教育科研督导处在执行本项目中应做好以下工作：

①定期与不定期进行教育教学评价，主要内容有专业评估、专项评估等，由教育督导与科研处会同相关部门负责组织实施。

②教务处与各部门配合，做好上级部门组织的人才培养工作评估、专业评估、专项评估等工作。

(2)各系部、各部门在执行本项目中应做好以下工作：

①贯彻落实上级部门和学院关于专业评估、专项评估的工作要求，并做好自评工作。

②根据反馈的评估结论及意见制定整改措施，做好改进工作，并报教育督导与科研处。

(3)监控保障主体、教育督导与科研在执行本项目中应做好以下工作：

①教育教学评价的质量。

②将管教育教学评价目的分析与评价按流程进行反馈。

③被监控部门根据反馈信息做好改进工作，并将反馈信息作为改进工作质量的依据。

5. 反馈与改进

反馈与改进项目的执行责任人分管院领导，由教育督导与科研处、各部门具体执行；监控保障主体及监控部门在反馈与改进工作中应做好以下工作：

(1)监控保障主体及监控部门应及时将监控保障评价与分析信息及时报送教育督导与科研处。

(2)教育督导与科研处及时收集、整理监控保障主体及监控部门的反馈意见及建议，科学分析、妥善处理后及时反馈给被监控部门。

(3)教育督导与科研处及时收集、整理各部门根据监控保障主体及监控部门的反馈意见及建议，制订全院整改措施及实施方案，监督、指导学院各部门持续改进工作质量。

二、系部人才培养质量监控保障体系运行

系部人才培养质量监控保障体系运行的责任人是主任，书记协助主任完成人才培养质量监控体系的运行，系部设系教务委员会，在学院教务委员的领导下开展工作。系部各建设项目由教务委员会具体执行，项目监控责任是教育督导科研处处长，由监控保障主体、教育督导科研处、教务处具体监控。

(一)系部在执行人才培养质量监控保障体系运行中应做好的工作

1. 质量目标和管理职责

(1)系部定位和建设思路

①贯彻落实学院办学定位与办学思路，明确系部定位和建设思路，制定相应的落实措施并予以执行。

②贯彻落实党和国家教育方针，紧盯行业和区域经济发展，为行业企业培养“下得去、留得住、干得好”高端技能型人才。

(2)质量目标

①依据学院人才培养质量目标，明确系部质量方针，树立质量意识，以提高质量为核心，注重内涵建设，深化“校企合作、工学结合、德能并重”人才培养模式改革，实现学生的知识、能力、素质协调发展。

②明确质量目标。把行业企业、学生需求和满意度作为衡量人才培养质量的标准；以提高质量为核心，注重内涵发展，不断深化高等职业教育改革，全面提高人才培养质量，培养德智体美全面发展的中国特色社会主义事业建设者和接班人。

③深化院系二级管理模式，树立质量意识，创新管理模式，提高管理水平。

④以建设项目为依托，进一步提升行业影响力和社会服务能力。

(3)专业设置

①依据学院专业设置和建设规划对系部的建设要求，在教务处的领导下，在充分调研、分析和专业建设委员会论证的基础上，制订系部专业设置及建设规划，建立以重点专业为龙头、相关专业为支撑的专业群，形成重点突出、行业特色鲜明的专业体系。

②及时跟踪市场需求的变化，主动适应区域、行业经济和社会发展的需要，根据学院的办学条件，有针对性地调整和设置专业。

(4)职责与权限

①准确把握系部定位，明确系部职责权限。

②明确本系部各岗位职责，将人才培养过程中工作落实到各教研室。

③建立工作流程，规范工作程序。

④落实学院交流沟通机制，做好本系部和其他部门的沟通，创设良好的建设环境。

⑤按时参加学院沟通会议，落实会议精神。

2. 资源管理

(1)人力资源管理

①依据学院师资队伍建设规划，制订系部师资队伍建设计划，采取有效措施，落实建设计划。

②加强兼职教师队伍建设，建立兼职教师信息库，落实师资队伍建设“双百工程”实施方案。

③加强双师结构教学团队的建设与管理、兼职教师聘用及管理。

④定期对专兼职教师工作业绩进行考核。

(2)办学经费

①按照计划财务处的经费二级预算，编制系部经费二级预算的执行方案，定期核对本部门资金使用情况。

②在计划财务处的指导下管好、用好各项资金，并保障资金安全，无违纪、违规现象。

③用于各项建设项目的预算资金，要按照建设进度完成预算资金的使用。

(3)设施建设与管理

①落实学院基本设施建设与管理各项规章制度。

②实时监控教学仪器设备的完好率和利用率，用好管好教学仪器设备，使其发挥最大效用，不断提升教师、学生实践能力。

③利用设备资源为职教集团成员单位和校企合作单位提供服务，提升专业的社会影响力。

④对各个建设项目投入的设备，按照要求做好标示，并做好使用记录及运行报告。

⑤监控系部基本办学条件合格标准和监测办学条件指标。

(4)教学基本建设与管理

①按照学院教学基本建设管理项目中对系部该项目建设提出的要求开展工作。

②加强系部管理，创新管理手段，制订相关措施，确保教学基本建设与管理项目的

实施。

③准确专业定位、不断完善人才培养方案,完善理论教学体系、实践教学体系和综合素质教育体系,创新教学模式,改革教学方法及手段,确保人才培养质量。

④实训基地建设能满足60%以上学生半年顶岗实习、实训需要,基地就业学生不少于实习学生的40%。

⑤按照相关程序及时将合作企业捐赠的设备入账并管好用好设备。

(5)教学改革与研究

①依据学院教学改革与研究项目建设要求,制订年度教学改革与研究工作计划,有计划、有步骤,稳步推进系部教学改革与研究工作。

②积极创设良好的教育教学改革与研究的氛围,积极承担国家、省、院级专业、实训基地、教学团队、课程等建设项目建设。

③每学期开展的学术活动不少于1次。

④各系部有国家、省、院级专业、实训基地、教学团队、课程等建设项目,总数占全院在建项目的30%以上;系部每年获得2项厅级以上的奖励,教师获得4项厅级以上的奖励,学生获得4项厅级以上的奖励。

⑤储备学院级别一定数量的建设项目,为申报更高一级教育教学改革项目打好基础。

⑥将建设成果应用于教学实践,已达到产学研结合的目的。

(6)社会服务建设与管理

①利用专业优势与资源开展职业培训、技能鉴定、技术服务技术服务,提升社会服务能力。

②制订系部教师开展社会服务的相关措施,鼓励教师积极投入社会服务工作中。

③制订交流与合作计划,选准合作载体,有序地开展交流与合作工作。

④系部每学年开展1次以上的交流与合作工作,合作项目3个以上。

3. 过程管理

(1)人才培养方案制定、审核

①执行学院人才培养方案指导意见,依托专业建设委员会,校企共同制订专业人才培养方案,实现专业与产业对接,课程内容与职业标准对接,教学过程与生产过程对接,学历证书与职业资格证书对接、职业教育与终身学习对接。

②对人才培养方案进行初审,初审后提交教务处。

③按照审核流程,审批人才培养方案,批准后方可实施。

④制订相关措施,有效实施人才培养方案。

(2)招生与就业

①依据学院招生计划,制订本系部招生就业计划,报送招生就业指导中心。

②在招生就业指导中心的指导下,开展招生宣传和咨询工作。

③制订相关措施,落实招生、就业与创业教育。

(3)人才培养过程

①落实学院教学运行管理制度,制订教育教学运行与管理、学生管理的实施计划,规范人才培养过程的各个环节工作流程,并使之处于受控状态。

②通过开学初、期中及不定期随机抽查等形式对日常教学情况进行检查;通过日常听课、设立学生信息员、召开学生座谈会等方式加强教学管理和教学检查。

③日常教学活动管理严格、规范有序;做到"有行动即有记录、有记录即有反馈、有反馈即

有改进”;要求每学期系部人均调课不超过3次,每学期分别召开2次以上教学、学生工作会议。

④按照课程考核管理办法实施考核,做好系部学生的成绩管理。

⑤加强师德师风建设,落实学院师德师风建设方案。

⑥加强校园文化建设,营造良好的校园文化氛围。

⑦注重学生体育能力培养,构建具有高职特色的体育教学模式。

⑧开展多样化的体育锻炼活动,培养学生自我锻炼的习惯。

⑨按照学院要求定期上报流失学生,严格执行学院学生升、留级规定,随时掌控学生学籍异动情况。

⑩在学院心理咨询机构指导下,开展心理健康教育与心理咨询指导活动,每学年不少于2次。

⑪加强教学管理、学生管理队伍建设,提高管理水平与质量。

⑫发挥专业带头人和骨干教师的作用,引导教师不断加强业务学习,提高业务水平和教育教学能力。

⑬按照教学运行过程的质量监控点实时进行点对点的检查。

⑭定期开展系部管理评审和教育教学评价,达到自我完善、自我激励和自我提高的目的。

(4)教学文件档案管理

①依据教务处的具体要求,规范教学档案的管理,将教学文件、教学管理文件、教学成果,学生的试卷、作业、毕业设计(论文)等资料及时归档立卷。

②永久档案妥善保管,与学生相关的资料,在学生毕业3年后可自行处理。

4.评价与调控

(1)监控

对本系部质量目标和管理职责、资源管理监控、过程管理监控、不合格控制与毕业资格审查等项工作进行实时、定点、定期监控;对以上项目进行管理评审,重点关注以上指标是否满足人才培养需要。

(2)分析与评价

在招生就业指导中心、教务处的指导下,对系部生源质量、学生学业成绩、就业率与就业质量、毕业生创业与成效、毕业生社会满意度进行分析与评价,作为系部教育教学管理、学生管理、专业建设、因材施教的依据。

(3)管理评审

按照学院对管理评审工作的要求,定期对系部人才培养质量监控保障体系和系部工作进行管理评审,在接受监控保障主体之前,按照规定的时间进行自评,拟定自评报告,接受评价主体的管理评审。

(4)教育教学评价

定期与不定期接受教育教学评价(专业评估和专项评估),贯彻落实上级部门及学院关于教育教学评价的要求,做好自评工作,拟定自评报告,接受评价主体的管理评审。

(5)反馈与改进

按照并按照反馈意见及建议,对照相对应的项目,做好改进工作计划,并组织好持续改进工作,提高教育教学质量。

（二）控保障主体、教育督导科研处、教务处在执行本项目中应做好的工作

（1）监控系部定位和建设思路的制订与落实。
（2）监控人才培养的过程质量。
（3）将系部人才培养监控保障体系运行情况的监控结果分析、评价并按流程进行反馈。
（4）系部根据反馈意见和建议做好改进工作。

三、企业人才培养质量监控保障体系运行

企业人才培养质量监控保障组在体系运行的责任人是金生光（正平集团董事长），人才培养质量监控保障组具体执行；监控责任人是教育督导科研处处长，由监控保障主体、教育督导科研处、教务处具体监控。

（一）企业人才培养质量监控保障组运行中应做好的工作

1. 质量目标和管理职责

（1）办学定位和办学思路

依托行业办学，办学思路明确，理念先进。立足交通，面向社会，培养适应交通建设和经济社会发展需要的生产、建设、服务、管理一线高端技能型人才，努力实现企业发展有人才，学生就业有出路，学院发展有方向。

（2）质量目标

贯彻落实国家职业教育改革精神，落实学院质量方针，树立质量意识，以职教集团为平台，专业建设委员会为纽带，创新、实施校企合作、工学结合、德能并重的多样化人才培养模式，培养综合素质高、业务能力强、发展潜力足、受社会欢迎的高端技能型人才，为行业企业发展提供人才支撑和智力支持。

（3）专业建设

积极开展人才需求调研，校企共同论证人才需求调研报告，依据论证结论，紧贴行业需求设置专业，形成以重点建设专业为龙头，带动相关专业协调发展的具有行业特色专业布局。

2. 资源管理

（1）人力资源管理

建立师资队伍建设激励机制，实施师资队伍建设“双百工程”，大力开展校企合作，积极寻求企业支持，共建专兼结合的师资队伍；通过多种途径提高教师的职业技能和教学能力；教师中执业资格证书持证比例高，为企业提供技术支持和服务；聘请企业专业技术人员、能工巧匠担任专业带头人、骨干教师、承担教学任务，共同促进专业建设。

（2）办学经费管理

学院采取积极措施，采取承担建设项目、校企联合办学、共建培训基地、社会服务、校内生产性实训基地和服务机构建设等形式，取得多方支持，筹措办学经费和学生奖励资助经费。办学经费投入满足人才培养需求，使用合理规范。

（3）设施建设与管理

教育教学设施建设满足国家办学基本条件要求，采取有效的管理措施，发挥了现有设施的最大效用。教室、教学科研仪器设备、图书馆、宿舍、教学用计算机、多媒体教室和实验实训室、实训中心、体育设施、数字化校园等的硬件和软件为教师和学生提供良好的教学、学习环境并

满足教育教学要求。

(4)教学基本建设与管理

学院专业布局合理,定位准、特色鲜明。依托校企利益共同点高度一致的合作载体开展合作工作,落实国家职业教育改革精神,共同实施“校企合作、工学结合”的人才培养方案,共同开发课程和教材、共建共享实训基地、共享校企资源;有效推进合作办学、合作育人、合作就业、合作发展工作的开展。

(5)教学改革与研究

根据新形势下的教育教学改革需求,依托行业、企业及专业优势,校企共同开展教学改革与研究项目建设,利用信息技术建立生产教学双向服务平台,进行教育教学改革,技术攻关与推广、科技研发;将研究成果应用与生产和教学实践,促进企业发展和学生成才。

(6)社会服务建设与管理

学院积极服务行业企业及区域经济发展,利用校内生产性实训基地和师资力量,承担项目建设,向学生和社会提供就业岗位。在社会服务建设与管理中,制订管理制度,依法开展各项建设工作。

3. 过程管理

依据企业人才需求制订人才培养方案,落实专业与产业对接,课程内容与职业标准对接,教学过程与生产过程对接,学历证书与职业资格证书对接、职业教育与终身学习对接。贯彻企业用人目标和人才培养目标、生产过程和教学过程、岗位要求和课程内容相衔接。对人才培养过程进行有效管理,对人才培养质量采取多元评价,使人才培养目标和用人规格相一致。

4. 评价与调控

(1)监控

定期与不定期对质量目标和管理、资源管理、过程管理、评价与调控建设项目及体系运行进行监控与评价。

(2)管理评审

定期评审人才培养质量监控保障体系,落实有效运行、持续改进的建设思路。

(3)教育教学评价

定期与不定期开展教育教学评价,促进专业建设、课程建设和质量工程建设工作持续改进。

(4)反馈与改进

依据管理评审反馈意见及建议,制订预防、纠偏、改进措施,使各项工作步入良性循环的轨道。

(二)控保障主体、教育督导科研处、教务处在执行本项目中应做好的工作

(1)监控企业人才培养质量监控保障体系运行。

(2)将企业人才培养质量监控保障体系运行的监控结果分析、评价并按流程进行反馈。

(3)企业人才培养质量监控保障组根据反馈信息做好改进工作。

四、学生人才培养质量监控保障体系运行

学生人才培养质量监控保障体系运行的责任人是马梅娟,人才培养质量监控保障组具体执行;监控责任人是教育督导科研处处长,由监控保障主体、教育督导科研处、教务处具体

监控。

1. 质量目标和管理职责

(1)办学定位和办学思路

学院办学定位准确、思路明确。立足交通,面向社会坚持以服务为宗旨,以就业为导向,以质量求生存,以特色求发展,走产学研结合的发展之路。校企合作办学模式符合学生职业能力提高和职业发展需求。

(2)质量目标

全员树立质量意识,营造质量氛围。把行业企业、学生需求和满意度作为衡量人才培养质量标准,以提高质量为核心,注重内涵建设,实施校企合作、工学结合人才培养模式,实现学生知识、能力、素质协调发展,大力培养综合素质高、业务能力强、发展潜力足、受社会欢迎的高端技能型人才。

(3)专业设置

学院经常性地开展行业、企业岗位人才需求调研、毕业生跟踪调查;委托麦克斯数据有限公司进行毕业生社会需求和培养质量跟踪调研,根据调研结果分析,贴近市场需求设置专业,使之结构优化、布局合理。根据专业建设需求,配置较好的教育教学资源,为学生创设良好学习、就业与创业环境。

2. 资源管理

(1)人力资源管理

为满足技能型人才培养要求,聘请企业技术骨干和能工巧匠担任兼职教师,与学院教师共同组成"专兼结合、技能熟练、善于引导"的师资队伍。专兼职教师教学能力满足人才培养要求,教书育人、为人师表。

(2)办学经费管理

学院多方筹措资金,首先保障教育教学的投入,千方百计为学生创设良好的学习和职业成长环境;为勉励学生成长成才,国家和学院设立奖、助学金,评比与发放工作规范,公开、公平、公正;为了给学生提供较好的就业条件,学院投入一定数量的就业经费,保障就业工作的开展。

(3)设施建设与管理

注重设施建设,规范管理、优化配置与使用教室、宿舍、教学科研仪器设备、图书资源、教学用计算机、多媒体教室和实训室、体育设施、数字化校园等硬件设施;设施建设满足教育部基本办学要求,适应人才培养需要,满足专业学习及综合素质的提高的需求。

(4)教学基本建设与管理

专业建设中,准确把握专业定位,突出行业特色,落实国家职业教育改革精神,实施"校企合作、工学结合、德能并重"多样化人才培养模式;课程体系体现课、岗、证融通,依据相关的职业资格标准制定课程标准,课程内容与职业标准相对接,教学过程与生产过程相一致,实施基于工作过程的"项目载体、任务驱动、学生主体"的教学模式,教学方法实现"教、学、做"合一;教材选取与使用规范,尽量选用校企共同开发"工学结合"的特色教材、近 5 年内出版的高职高专规划教材,其中近 3 年出版教材的比例≥80%;校企共建共享教学、培训、技能鉴定、生产和科技服务为一体的共享型校内实训中心,为学生实践教学提供良好的基础条件,实践教学课时达总课时的 50%。

(5)教学改革与研究

系部建有国家、省、院级专业、实训基地、教学团队、课程等教学改革与研究项目,将研究内容与成果应用与教学实践中；形成丰富的应用性资源，利用现代信息技术和数字化校园基础，建成专业建设和发展平台，供教师和学生共享。

(6)社会服务建设与管理

充分发挥专业优势，利用生产性实训基地与服务机构优势，面向社会开展勘察设计、工程监理、试验检测、汽车销售与维修、物流配送、技术培训、技能鉴定等技术服务工作；并为学生提供实习、实训和就业岗位；在校校合作方面，学院与省内外同类院校、相同专业开展合作与交流，将我院学生安排到发达省份的学校进行学习、顶岗实习和就业，开阔学生视野，拓宽了学生的就业创业渠道，提升了学生的发展潜力。

3.过程管理

(1)人才培养方案

依据教育部对技能型人才的培养要求，人才培养方案在充分调研和论证的基础上形成，校企共同实施"校企合作、工学结合"的人才培养方案，体现专业与产业对接，课程内容与职业标准对接，教学过程与生产过程对接，学历证书与职业资格证书对接、职业教育与终身学习对接，人才培养方案符合学生职业成长与发展需求。

(2)招生与就业

学院积极开展多形式、多手段、多层面开展招生宣传工作，招生工作规范、阳光透明。将就业与创业教育课程纳入课程体系，有计划、有步骤地开展多种形式的创业与就业教育，利用信息平台及时发布就业信息，为毕业生提供就业岗位数与毕业生总数之比≥2。

(3)人才培养过程

人才培养过程中教育教学管理规范，全员育人、全过程育人氛围良好，思想政治教育、职业道德教育渗透到教学工作的各个环节，严格按人才培养方案实施教学，教学秩序正常，教风、学风良好；教师授课准备充分，实施项目载体、任务驱动、学生主体，教学做一体教学模式，充分调动学习积极性，学生能够运用所学知识和技能解决实际问题；按照课程考核管理办法实施考核，成绩录入准确、及时，查询方便；维护学生权益，各类保险及时，覆盖面达100%；学生各类社团组织活跃，为学生素质拓展提供良好的实施环境。

(4)评价与调控

学生人才培养质量监控保障主体的评价与调控项目参照企业人才培养质量执行。

第七章 执行操作

一、总体要求

人才培养质量监控保障体系运行的过程中，学院、系部、企业、学生"四位一体"的质量监控保障主体和各个部门要在教务委员会的统一领导下，严格按照人才培养质量监控保障指标体系中的质量标准、质量要求、工作流程、监控评价与反馈流程，开展各项工作。统一使用监控保障评价标准、反馈格式，统一流程，统一时间节点，通过建设形成常规化、制度化。

二、总体执行操作

人才培养质量监控保障体系质量标准按体系中表1执行；学院人才培养质量监控保障指标按体系中表2执行、系部人才培养质量监控保障指标按体系中表4执行、企业人才培养质量监控保障指标按体系中表5执行、学生人才培养质量监控保障指标按体系中表6执行;学院层面体系框架见体系图3~图7,流程按体系中图8~图10运行;系部层面体系框架见体系图11~图15,流程按体系中图16~图18运行;企业层面体系框架和流程按体系中图19运行;学生层面体系框架和流程按体系中图20运行。

三、管理评审执行操作

部门评审和教育教学评价按表7执行与监控评价;学院、系部、企业、学生在体系运行中分别按四个不同监控保障主体的监控视角进行定点监控与评审,学院监控评价按表8执行,系部监控评价按表9执行,企业监控评价按表10执行,学生监控评价按表11执行。

四、实时监控执行操作

实时监控用表由监控评价用表、监控记录用表、监控调查用表、反馈用表组成。课堂教学监控保障评价按课堂教学监控评价表(表12)执行、校内实践教学监控保障评价按校内实践教学监控评价表(表13)执行、顶岗实习监控保障评价按顶岗实习监控评价表(表14)执行、校外实践教学监控保障评价按校外实践教学监控评价表组成(表15)执行;人才培养质量实时监控统一使用记录表(表16)、学生满意度调查表(表17)、毕业生社会满意度调查表(表18)、毕业生跟踪调查表Ⅰ(表19)、毕业生跟踪调查表Ⅱ(表20)、毕业生跟踪调查表Ⅲ(表21)、人才培养质量实时监控反馈表(表22)。

第八章　工 作 制 度

一、实施“一把手”负责制

院长是学院人才培养质量的第一责任人,坚持改革促质量、改革促促发展的建设理念,坚持“把握方向、放开方法;把握宏观、放开微观;把握结果,放开过程”的领导原则,用共同愿景引导全体教职工建立质量意识,确保人才培养质量的提高。

二、人人负责制

部门负责人是实施人才培养质量监控体系的第一责任人,在人才培养过程中,全体教职工都是人才培养质量的负责人,因此学院的每一个人都要立足本岗位,明确自己的工作职责,树立质量意识,围绕本岗位质量控制点,以良好的精神状态和求真务实的工作作风投入工作,努力创设“人人心中有质量、个个工作保质量”的育人氛围。

三、统一领导制

人才培养质量监控保障体系的运行,涉及到学院的每个部门,是全院各个部门共同参与的工作,开展此项工作,要在教务委员会的统一领导下,有计划、有步骤的稳步推进此项工作,有序运行人才培养质量监控保障体系。

四、统一规范制

人才培养质量监控保障体系的运行中,各个操作层面统一按执行操作的规定执行,便于统计、分析、评价与反馈,不得各行其是。体系运行中,对体系中所涉及的各类框架、流程、图表有异议和建议,请及时与教育督导与科研处联系,进行统一修订,逐步完善人才培养质量监控保障体系。

五、数据规范使用制

在人才培养过程中,数据最容易说明成绩,也最容易出现问题。为更好地掌握人才培养工作状态,便于管理和统计,教育部出台了《人才培养工作状态数据平台》和《高等学校基层统计报表》,统计时段为一个教育年度。《人才培养工作状态数据采集平台》和《高等学校基层统计报表》不仅仅是上报我院的基本工作状态数据,也是作为学院一个教育年度使用的统一数据。因此,各个部门及建设项目在使用数据时,必须采用学院《人才培养工作状态数据平台》和《高等教育基层统计报表》的数据,不得各行其是。

六、档案规范制

骨干院校建设资料组要加强全院档案工作的建设与管理,全面提高全体教职工档案管理意识与管理水平,确保工作过程中所形成的各类文件、资料、数据报表的真实性与完整性,避免档案资料重复立卷所造成的不必要的人力、物力、财力浪费。

七、实施奖惩制

各部门要围绕人才培养质量监控保障体系的实施要求,认真开展工作,顾全大局,将质量目标实现程度作为年终考核的主要依据,对指挥协调有力、工作成绩突出的部门和个人给予表彰和奖励;对指挥不利、造成工作拖拉、不负责任、影响人才培养质量监控保障体系运行的部门和个人将追究其责任,两年内不得评优推先和个人职称与职务晋升,情节极为严重和恶劣者,由学院研究处理。